MACÁRIO

MACÁRIO
ÁLVARES DE AZEVEDO

Principis

Esta é uma publicação Principis, selo exclusivo da Ciranda Cultural
© 2023 Ciranda Cultural Editora e Distribuidora Ltda.

Texto
Álvares de Azevedo

Produção editorial
Ciranda Cultural

Editora
Michele de Souza Barbosa

Diagramação
Linea Editora

Preparação
Walter Sagardoy

Design de capa
Ana Dobón

Revisão
Nair Hitomi Kayo

Ilustrações
Vicente Mendonça

Dados Internacionais de Catalogação na Publicação (CIP) de acordo com ISBD

A994m	Azevedo, Alvares de.
	Macário / Alvares de Azevedo. - Jandira, SP : Principis, 2023.
	96 p. ; 15,50cm x 22,60cm. - (Clássicos da literatura brasileira).
	ISBN: 978-65-5097-054-3
	1. Teatro. 2. Literatura brasileira. Romantismo 3. Crítica social. 4. Morte. 5. Amor. 6. Diabo. I. Título. II. Série.
2023-1244	CDD 869.2 CDU 869.0(81)-31

Elaborado por Lucio Feitosa - CRB-8/8803

Índice para catálogo sistemático:
1. Teatro 869.2
2. Teatro 869.0(81)-31

1ª edição em 2023
www.cirandacultural.com.br
Todos os direitos reservados.
Nenhuma parte desta publicação pode ser reproduzida, arquivada em sistema de busca ou transmitida por qualquer meio, seja ele eletrônico, fotocópia, gravação ou outros, sem prévia autorização do detentor dos direitos, e não pode circular encadernada ou encapada de maneira distinta daquela em que foi publicada, ou sem que as mesmas condições sejam impostas aos compradores subsequentes.

Esta obra reproduz costumes e comportamentos da época em que foi escrita.

... e o gênio traz sempre um sinal que se reconhece em toda a parte (e em qualquer tempo) — uma auréola na fronte que brilha sob todos os firmamentos, uma senha e um ataque Iramita que se traduz em todas as línguas.

Álvares de Azevedo

No ceticismo do Candide voltaireano, depois do último soluço há o abafamento bochorral do nada, a treva do não ser.

Álvares de Azevedo

SUMÁRIO

Puff 12
Primeiro episódio 18
Segundo episódio 58
Páginas de Penseroso 84

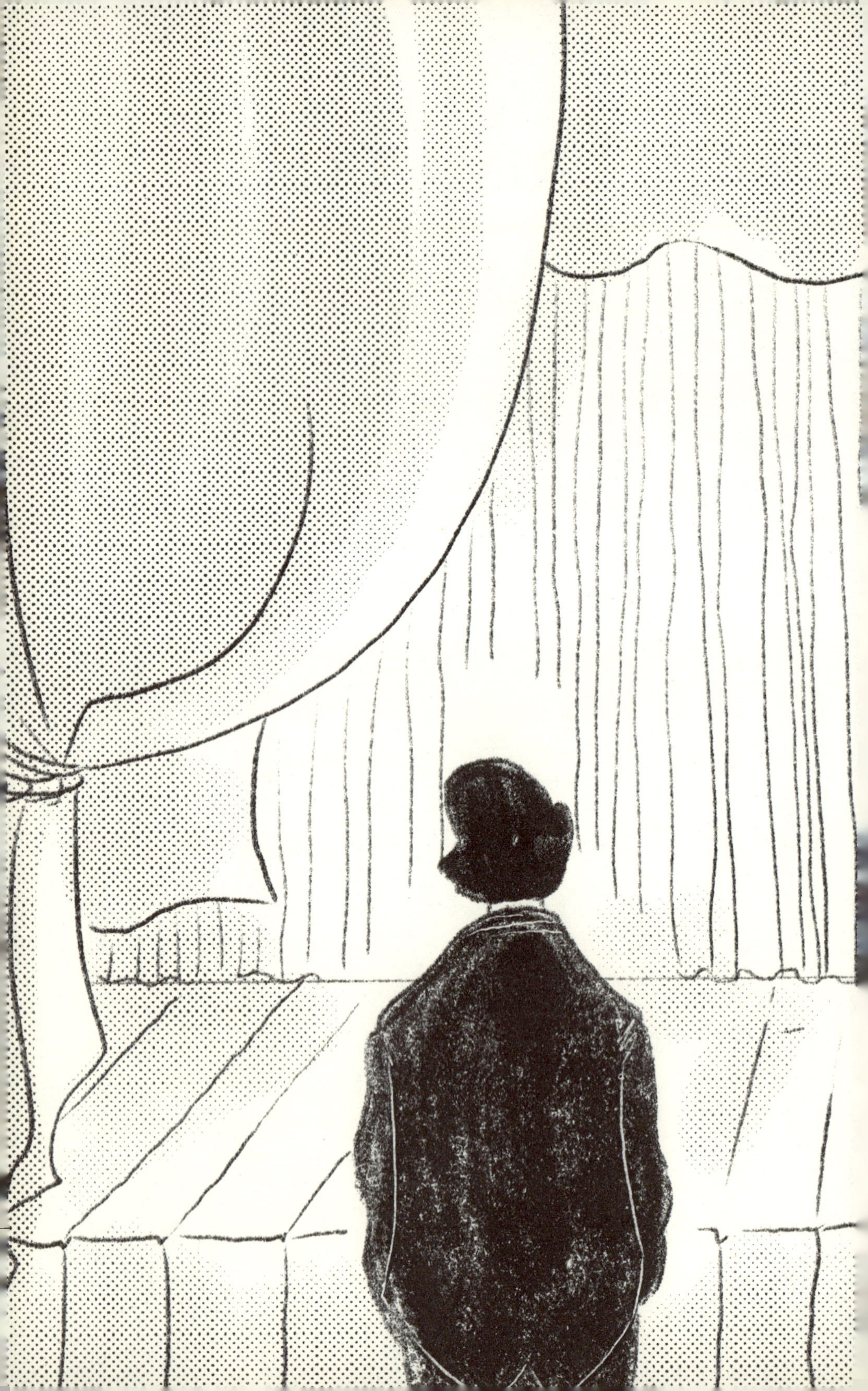

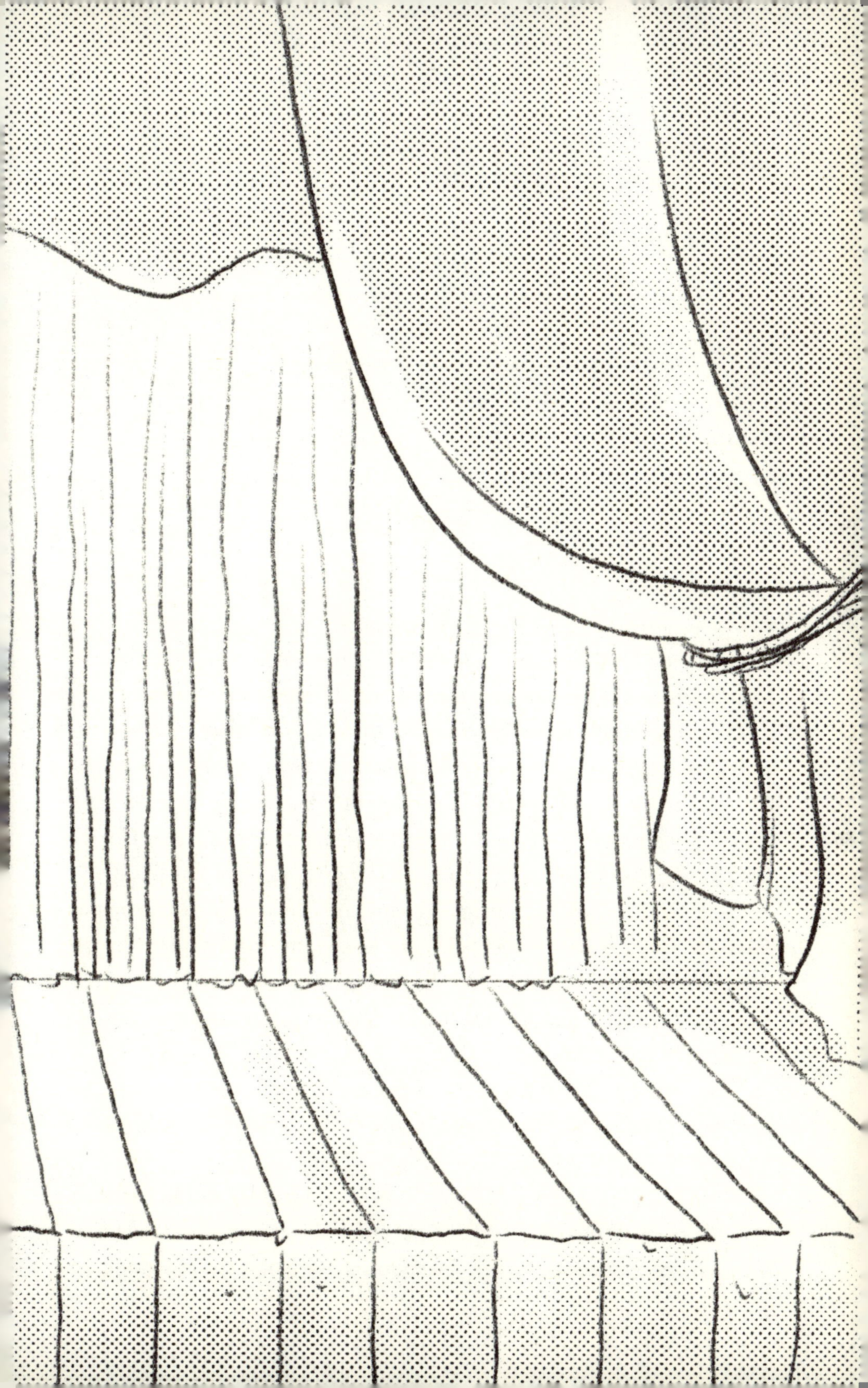

Puff

 Criei para mim algumas ideias teóricas sobre o drama. Algum dia, se houver tempo e vagar, talvez as escreva e dê a lume.
 O meu protótipo seria alguma coisa entre o teatro inglês, o teatro espanhol e o teatro grego – a força das paixões ardentes de Shakespeare, de Marlowe e Otway, a imaginação de Calderón de la Barca e Lope de Vega, e a simplicidade de Ésquilo e Eurípedes – alguma coisa como Goethe sonhou, e cujos elementos eu iria estudar numa parte dos dramas dele – em *Götz de Berlichingen*, *Clavigo*, *Egmont*, no episódio da Margarida de *Fausto* – e a outra na simplicidade ática de sua Ifigênia. Estudá-lo-ia talvez em Schiller, nos dois dramas do *Wallenstein*, nos *Salteadores*, no *D. Carlos*: estudá-lo-ia ainda na *Noiva de Messina* com seus coros, com sua tendência à regularidade.
 É um tipo talvez novo, que não se parece com o misticismo do teatro de Werner, ou as tragédias teogônicas de Oehlenschläger e ainda menos com o de Kotzebue ou o de Victor Hugo e Dumas.
 Não se pareceria com o de Ducis, nem com aquela tradução bastarda, verdadeira castração do *Otelo* de Shakespeare, feita pelo poeta sublime do Chatterton, o conde Vigny. Quando não se tem alma adejante para

emparelhar com o gênio vagabundo do autor de *Hamlet*, haja ao menos modéstia bastante para não querer emendá-la. Por isso o *Otelo* de Vigny é morto. É uma obra de talento, mas devia ser um rasgo de gênio.

Emendá-lo? pobres pigmeus que querem limar as monstruosidades do Colosso! Raça de Liliput que queria aperfeiçoar os membros do gigante – disforme para eles – de Gulliver!

E digam-me: que é o disforme? Há aí um anão ou um gigante? Não é assim que eu o entendo. Haveria enredo, mas não a complicação exagerada da comédia espanhola. Haveria paixões, porque o peito da tragédia deve bater, deve sentir-se ardente – mas não requintaria o horrível, e não faria um drama daqueles que parecem feitos para reanimar corações-cadáveres, como a pilha galvânica as fibras nervosas do morto!

Não: o que eu penso é diverso. É uma grande ideia que talvez nunca realize. É difícil encerrar a torrente de fogo dos anjos decaídos de Milton ou o pântano de sangue e lágrimas do Alighieri dentro do pentâmetro de mármore da tragédia antiga. Contam que a primeira ideia de Milton foi fazer do *Paraíso perdido* uma tragédia – um mistério – não sei o quê: não o pôde; o assunto transbordava, crescia; a torrente se tornava num oceano. É difícil marcar o lugar onde para o homem e começa o animal, onde cessa a alma e começa o instinto – onde a paixão se torna ferocidade. É difícil marcar onde deve parar o galope do sangue nas artérias e a violência da dor no crânio. Contudo, deve haver – e há um limite às expansões do ator, para que não haja exageração nem degenere num papel de fera o papel de homem. *O pobre idiota* tem esse defeito entre mil outros. A cena do subterrâneo é interessante, mas é de um interesse semelhante àquele que excitava o Jocko ou o homem das matas – aquele macaco representado por Morietti que fazia chorar a plateia.

O pobre idiota representa o idiotismo do homem caído na animalidade. O ator fez o papel que devia – não exagerou –, representou a fera na sua fúria – uma fera, onde por um enxerto caprichoso do imitador de Hauser havia um amor poético por uma flor – e uma estampa!

A vida e só a vida! mas a vida tumultuosa, férvida, anelante, às vezes sanguenta – eis o drama. Se eu escrevesse, se minha pena se desvairasse na paixão, eu a deixaria correr assim. Iago enganaria o Mouro, trairia Cássio, perderia Desdêmona e desfrutaria a bolsa de Rodrigo. Cássio seria apunhalado na cena. Otelo sufocaria sua Veneziana com o travesseiro, escondê-la-ia com o cortinado quando entrasse Emília: chamaria sua esposa – *a whore* – e gabar-se-ia de seu feito. O *honest, most honest* Iago viria ver a sua vítima, Emília soluçando a mostraria ao demônio; o Africano delirante, doido de amor, doido de a ter matado, morreria beijando os lábios pálidos da Veneziana. Hamlet no cemitério conversaria com os coveiros, ergueria do chão a caveira de Yorick, o truão; Ofélia coroada de flores cantaria insana as balatas obscenas do povo: Laertes apertaria nos braços o cadáver da pobre louca. Orlando no *What you will* penduraria suas rimas de Rosalinda nos arvoredos dos Cevennes. Isto seria tudo assim.

Se eu imaginasse o Otelo, seria com todo o seu esgar, seu desvario selvagem, com aquela forma irregular que revela a paixão do sangue. É que as nódoas de sangue quando caem no chão não têm forma geométrica. As agonias da paixão, do desespero e do ciúme ardente quando coam num sangue tropical não se derretem em alexandrinos, não se modulam nas falas banais dessa poesia de convenção que se chama – conveniências dramáticas.

Mas, se eu imaginasse primeiro a minha ideia, se a não escrevesse como um sonâmbulo, ou como falava a Pitonisa convulsa agitando-se na trípode, se pudesse, antes de fazer meu quadro, traçar as linhas no painel, fá-lo-ia regular como um templo grego ou como a Atália, arquétipa de Racine.

São duas palavras estas, mas estas duas palavras têm um fim: é declarar que o meu tipo, a minha teoria, a minha utopia dramática, não é esse drama que aí vai. Esse é apenas como tudo que até hoje tenho esboçado, como um romance que escrevi numa noite de insônia – como um poema que cismei numa semana de febre – uma aberração dos princípios da ciência, uma exceção às minhas regras mais íntimas e sistemáticas. Esse drama é apenas uma inspiração confusa – rápida – que realizei à pressa como um pintor febril e trêmulo.

Vago como uma aspiração espontânea, incerto como um sonho; como isso o dou, tenham-no por isso.

Quanto ao nome, chamem-no drama, comédia, dialogismo: não importa. Não o fiz para o teatro: é um filho pálido dessas fantasias que se apoderam do crânio e inspiram *A tempestade* a Shakespeare, *Beppo* e o IX Canto de *D. Juan* a Byron; que fazem escrever *Anunciata* e *O conto de Antônia* a quem é Hoffmann ou *Fantasio* ao poeta de Namouna.

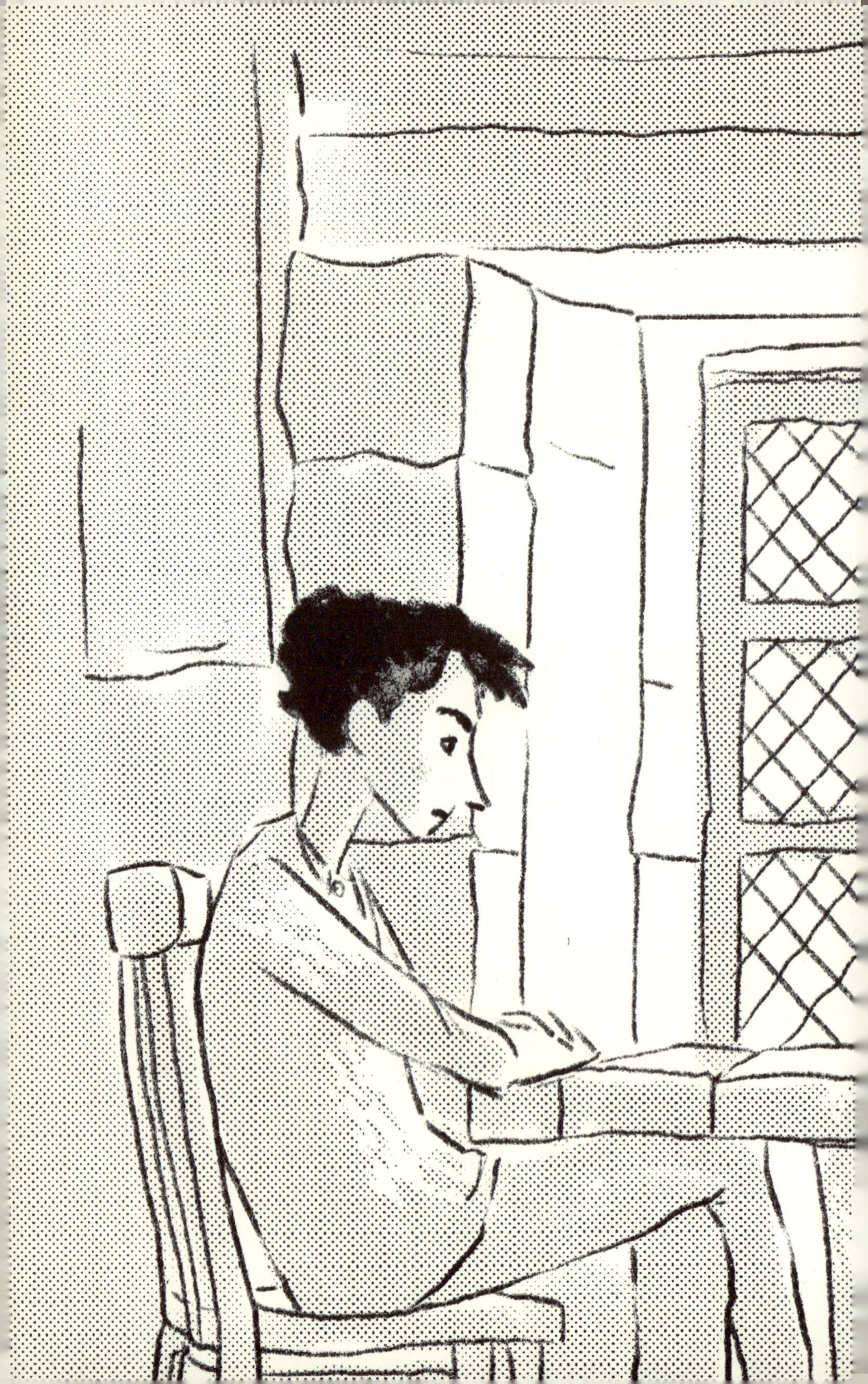

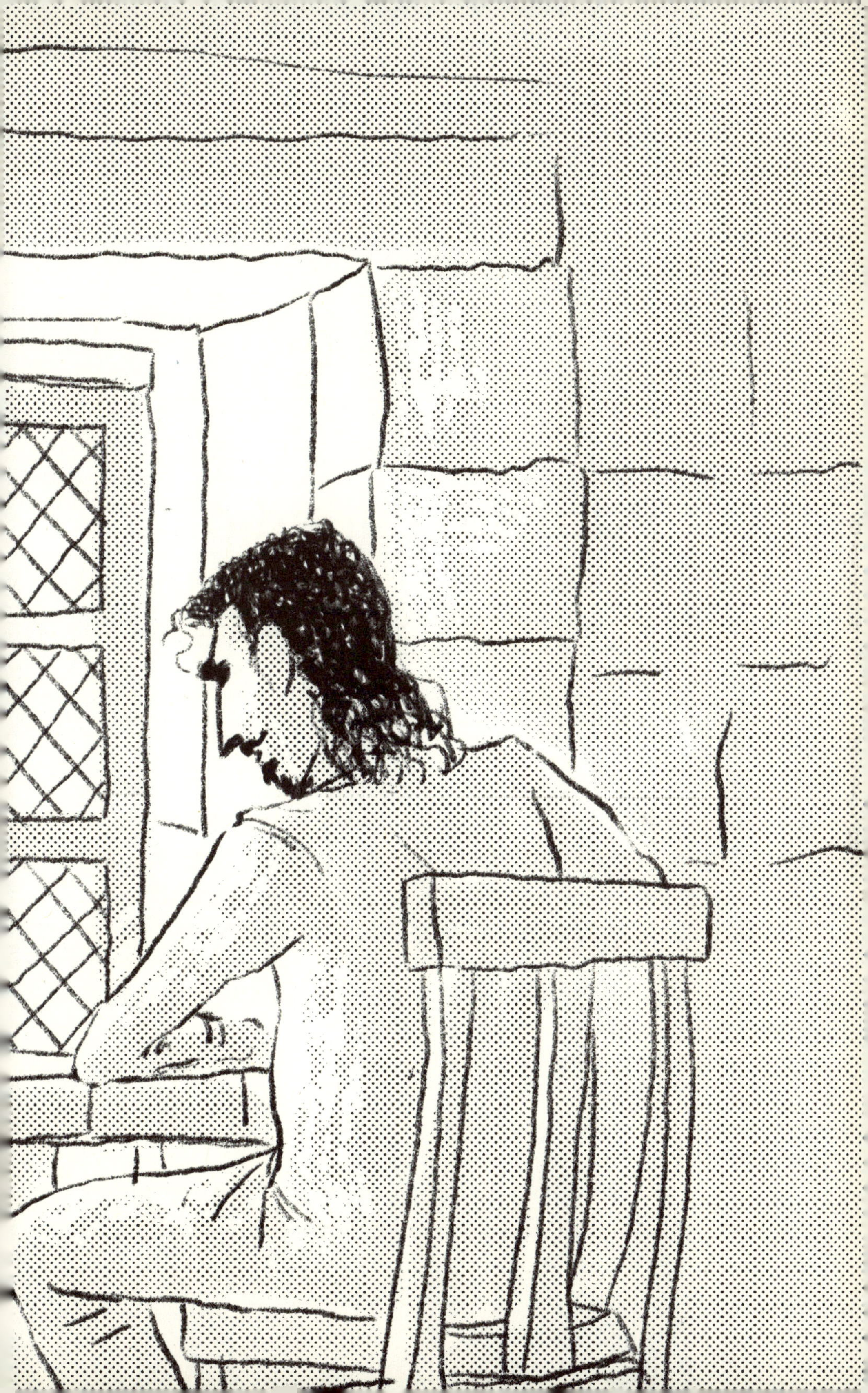

Primeiro episódio

Numa estalagem da estrada

MACÁRIO *(falando para fora)*
   Olá, mulher da venda! Ponham-me na sala uma garrafa de vinho, façam-me a cama e mandem-me ceia: palavra de honra que estou com fome! Deem alguma ponta de charuto ao burro que está suado como um frade bêbado! Sobretudo não esqueçam o vinho!

UMA VOZ
   Há aguardente unicamente, mas boa.

MACÁRIO
   Aguardente! Pensas que sou algum jornaleiro?… Andar seis léguas e sentir-se com a goela seca. Ó mulher maldita! aposto que também não tens água?

MACÁRIO

A MULHER

E pura, senhor! Corre ali embaixo uma fonte que é limpa como o vidro e fria como uma noite de geada.
(Sai.)

MACÁRIO

Eis aí o resultado das viagens. Um burro frouxo. Uma garrafa vazia. *(Tira uma garrafa do bolso.)* Conhaque! És um belo companheiro de viagem. És silencioso como um vigário em caminho, mas, no silêncio que inspiras, como nas noites de luar, ergue-se às vezes um canto misterioso que enleva! Conhaque! Não te ama quem não te entende! Não te amam essas bocas feminis acostumadas ao mel enjoado da vida, que não anseiam prazeres desconhecidos, sensações mais fortes! E eis-te aí vazia, minha garrafa! Vazia como mulher bela que morreu! Hei de fazer-te uma nênia.

E não ter nem um gole de vinho! Quando não há o amor, há o vinho; quando não há o vinho, há o fumo; e, quando não há amor, nem vinho, nem fumo, há o *spleen*. O *spleen* encarnado na sua forma mais lúgubre naquela velha taverneira repassada de aguardente que tresanda!
(Entra a mulher com uma bandeja.)

A MULHER

Eis aqui a ceia.

MACÁRIO

Ceia! Que diabo de comida verde é essa? Será algum feixe de capim? Leva para o burro.

A MULHER

São couves.

MACÁRIO

Leva para o burro.

A MULHER

É fritado em toicinho.

MACÁRIO

Leva para o burro com todos os diabos!
(Atira-lhe o prato na cabeça. A mulher sai. Macário come.)

UM DESCONHECIDO *(entrando)*

Boa noite, companheiro.

MACÁRIO *(comendo)*

Boa noite.

O DESCONHECIDO

Tendes um apetite!

MACÁRIO

Entendo-vos. Quereis comer? Sentai-vos. Quereis conversar? Esperai um pouco.

O DESCONHECIDO

Esperarei. *(Senta-se.)*

MACÁRIO *(comendo)*

Parece-me que não é a primeira vez que vos encontro. Quando a noite caía, ao subir da garganta da serra...

O DESCONHECIDO
Um vulto com um ponche vermelho e preto roçou a bota por vossa perna...

MACÁRIO
Tal e qual; por sinal que era fria como o focinho de um cão.

O DESCONHECIDO
Era eu.

MACÁRIO
Há um lugar em que se estende um vale cheio de grama. À direita corre uma torrente que corta a estrada pela frente. Há uma ladeira mal calçada que se perde pelo mato...

O DESCONHECIDO
Aí encontrei-vos outra vez... A propósito, não bebeis?

MACÁRIO
Pois não sabeis? Essa maldita mulher só tem aguardente; e eu, que sou capaz de amar a mulher do povo como a filha da aristocracia, não posso beber o vinho do sertanejo...

O DESCONHECIDO *(Tira uma garrafa do bolso e derrama vinho no copo de Macário.)*
Ah!

MACÁRIO
Vinho! *(Bebe.)* À fé que é vinho de Madeira! À vossa saúde, cavalheiro!

O DESCONHECIDO
À vossa. *(Tocam os copos.)*

MACÁRIO
Tendes as mãos tão frias!

O DESCONHECIDO
É da chuva. *(Sacode o ponche.)* Vede: estou molhado até os ossos!

MACÁRIO
Agora acabei: conversemos.

O DESCONHECIDO
Vistes-me duas vezes. Eu vos vi ainda outra vez. Era na serra, no alto da serra. A tarde caía, os vapores azulados do horizonte se escureciam. Um vento frio sacudia as folhas da montanha e vós contempláveis a tarde que caía. Além, nesse horizonte, o mar como uma linha azul orlada de escuma e de areia – e no vale, como bando de gaivotas brancas sentadas num paul, a cidade que algumas horas antes tínheis deixado. Daí vossos olhares se recolhiam aos arvoredos que vos rodeavam, ao precipício cheio das flores azuladas e vermelhas das trepadeiras, às torrentes que mugiam no fundo do abismo, e defronte víeis aquela cachoeira imensa que espedaça suas águas amareladas, numa chuva de escuma, nos rochedos negros do seu leito. E olháveis tudo isso com um ar perfeitamente romântico. Sois poeta?

MACÁRIO
Enganai-vos. Minha mula estava cansada. Sentei-me para descansá-la. Esperei que o fresco da neblina a reforçasse. Nesse tempo divertia-me em atirar pedras no despenhadeiro e contar os saltos que davam.

O DESCONHECIDO
  É um divertimento agradável.

MACÁRIO
  Nem mais nem menos que cuspir num poço, matar moscas ou olhar para a fumaça de um cachimbo. A minha mala. *(Chega à janela.)* Ó mulher da casa! Olá! Ó de casa!

UMA VOZ *(de fora)*
  Senhor!

MACÁRIO
  Desate a mala de meu burro e traga-m'a aqui.

A VOZ
  O burro?

MACÁRIO
  A mala, burro!

A VOZ
  A mala com o burro?

MACÁRIO
  Amarra a mala nas tuas costas e amarra o burro na cerca.

A VOZ
  O senhor é o moço que chegou primeiro?

MACÁRIO
  Sim. Mas vai ver o burro.

A VOZ
Um moço que parece estudante?

MACÁRIO
Sim. Mas anda com a mala.

A VOZ
Mas como hei de ir buscar a mala? Quer que vá a pé?

MACÁRIO
Esse diabo é doido! Vai a pé, ou monta numa vassoura como tua mãe!

A VOZ
Descanse, moço. O burro há de aparecer. Quando madrugar iremos procurar.

OUTRA VOZ
Havia de ir pelo caminho do Nhô Quito. Eu conheço o burro...

MACÁRIO
E minha mala?

A VOZ
Não vê? Está chovendo a potes!...

MACÁRIO *(Fecha a janela.)*
Malditos! *(Atira com uma cadeira no chão.)*

O DESCONHECIDO
Que tendes, companheiro?

MACÁRIO
Não vedes? O burro fugiu...

O DESCONHECIDO
Não será quebrando cadeiras que o chamareis...

MACÁRIO
Porém a raiva...

O DESCONHECIDO
Bebei mais um copo de Madeira. *(Bebem.)* Levais decerto alguma preciosidade na mala? *(Sorri-se.)*

MACÁRIO
Sim...

O DESCONHECIDO
Dinheiro?

MACÁRIO
Não, mas...

O DESCONHECIDO
A coleção completa de vossas cartas de namoro, algum poema em borrão, alguma carta de recomendação?

MACÁRIO
Nem isso, nem aquilo... Levo...

O DESCONHECIDO
A mala não me pareceu muito cheia. Senti alguma coisa sacolejar dentro. Alguma garrafa de vinho?

MACÁRIO
Não! Não! Mil vezes não! Não concebeis, uma perda imensa, irreparável... era o meu cachimbo...

O DESCONHECIDO
Fumais?

MACÁRIO
Perguntai de que serve o tinteiro sem tinta, a viola sem cordas, o copo sem vinho, a noite sem mulher – não me pergunteis se fumo!

O DESCONHECIDO *(Dá-lhe um cachimbo.)*
Eis aí um cachimbo primoroso. É de pura escuma do mar. O tubo é de pau de cereja. O bocal é de âmbar.

MACÁRIO
Bofé! Uma Sultana o fumaria! E fumo?

O DESCONHECIDO
É uma invenção nova. Dispensa-o. Acendei-o na vela. *(Macário acende.)*

MACÁRIO
E vós?

O DESCONHECIDO
Não vos importeis comigo. *(Tira outro cachimbo e fuma.)*

MACÁRIO
Sois um perfeito companheiro de viagem. Vosso nome?

O DESCONHECIDO
Perguntei-vos o vosso?

MACÁRIO
O caso é que é preciso que eu pergunte primeiro. Pois eu sou um estudante. Vadio ou estudioso, talentoso ou estúpido, pouco importa. Duas

palavras só: amo o fumo e odeio o Direito Romano. Amo as mulheres e odeio o romantismo.

O DESCONHECIDO
Tocai! Sois um digno rapaz. *(Apertam a mão.)*

MACÁRIO
Gosto mais de uma garrafa de vinho que de um poema, mais de um beijo que do soneto mais harmonioso. Quanto ao canto dos passarinhos, ao luar sonolento, às noites límpidas, acho isso sumamente insípido. Os passarinhos sabem só uma cantiga. O luar é sempre o mesmo. Esse mundo é monótono a fazer morrer de sono.

O DESCONHECIDO
E a poesia?

MACÁRIO
Enquanto era a moeda de ouro que corria só pela mão do rico, ia muito bem. Hoje trocou-se em moeda de cobre; não há mendigo, nem caixeiro de taverna que não tenha esse vintém azinhavrado. Entendeis-me?

O DESCONHECIDO
Entendo. A poesia, de popular tornou-se vulgar e comum. Antigamente faziam-na para o povo; hoje o povo a faz para ninguém.

MACÁRIO *(Bebe.)*
Eu vos dizia pois… Onde tínhamos ficado?

O DESCONHECIDO
Não sei. Parece-me que falávamos sobre o Papa.

MACÁRIO
  Não sei: creio que o vosso vinho subiu-me à cabeça. Puah! Vosso cachimbo tem sarro que tresanda!

O DESCONHECIDO
  Sois triste, moço... Palavra que eu desejaria ver essa poesia vossa.

MACÁRIO
  Por quê?

O DESCONHECIDO
  Porque havia ser alegre como Arlequim assistindo a seu enterro...

MACÁRIO
  Poesias a quê?

O DESCONHECIDO
  À luz, ao céu, ao mar...

MACÁRIO
  O mar é uma coisa soberanamente insípida... O enjoo é tudo quanto há mais prosaico. Sou daqueles de quem fala o corsário de Byron *"whose soul would sicken o'er the heaving wave"*.

O DESCONHECIDO
  E enjoais a bordo?

MACÁRIO
  É a única semelhança que tenho com D. Juan.

O DESCONHECIDO
  Modéstia!

MACÁRIO
Pergunta à taverneira se apertei-lhe o cotovelo, pisquei-lhe o olho ou pus-lhe a mão nas tetas.

O DESCONHECIDO
Um dragão!

MACÁRIO
Uma mulher! Todas elas são assim. As que não são assim por fora o são por dentro. Algumas em falta de cabelos na cabeça os têm no coração. As mulheres são como as espadas, às vezes a bainha é de ouro e de esmalte e a folha é ferrugenta.

O DESCONHECIDO
Falas como um descrido, como um saciado! E contudo ainda tens os beiços de criança! Quantos seios de mulher beijaste além do seio de tua ama de leite? Quantos lábios além dos de tua irmã?

MACÁRIO
A vagabunda que dorme nas ruas, a mulher que se vende corpo e alma, porque sua alma é tão desbotada como seu corpo, te digam minhas noites. Talvez muita virgem tenha suspirado por mim! Talvez agora mesmo alguma donzela se ajoelhe na cama e reze por mim!

O DESCONHECIDO
Na verdade és belo. Que idade tens?

MACÁRIO
Vinte anos. Mas meu peito tem batido nesses vinte anos tantas vezes como o de um outro homem em quarenta.

O DESCONHECIDO
E amaste muito?

MACÁRIO

Sim e não. Sempre e nunca.

O DESCONHECIDO

Fala claro.

MACÁRIO

Mais claro que o dia. Se chamas o amor a troca de duas temperaturas, o aperto de dois sexos, a convulsão de dois peitos que arquejam, o beijo de duas bocas que tremem, de duas vidas que se fundem, tenho amado muito e sempre! Se chamas o amor o sentimento casto e puro que faz cismar o pensativo, que faz chorar o amante na relva onde passou a beleza, que adivinha o perfume dela na brisa, que pergunta às aves, à manhã, à noite, às harmonias da música, que melodia é mais doce que sua voz, e ao seu coração, que formosura há mais divina que a dela – eu nunca amei. Ainda não achei uma mulher assim. Entre um charuto e uma chávena de café lembro-me às vezes de alguma forma divina, morena, branca, loura, de cabelos castanhos ou negros. Tenho-as visto que fazem empalidecer – e meu peito parece sufocar, meus lábios se gelam, minha mão se esfria... Parece-me então que, se aquela mulher que me faz estremecer assim soltasse sua roupa de veludo e me deixasse pôr os lábios sobre seu seio um momento, eu morreria num desmaio de prazer! Mas depois desta vem outra – mais outra –, e o amor se desfaz numa saudade que se desfaz no esquecimento. Como eu te disse, nunca amei.

O DESCONHECIDO

Ter vinte anos e nunca ter amado! E para quando esperas o amor?

MACÁRIO

Não sei. Talvez eu ame quando estiver impotente!

O DESCONHECIDO
E o que exigirias para a mulher de teus amores?

MACÁRIO
Pouca coisa. Beleza, virgindade, inocência, amor.

O DESCONHECIDO *(irônico)*
Mais nada?

MACÁRIO
Notai que por beleza indico um corpo bem-feito, arredondado, cetinoso, uma pele macia e rosada, um cabelo de seda-frouxa e uns pés mimosos.

O DESCONHECIDO
Quanto à virgindade?

MACÁRIO
Eu a quereria virgem na alma como no corpo. Quereria que ela nunca tivesse sentido a menor emoção por ninguém. Nem por um primo, nem por um irmão. Que Deus a tivesse criado adormecida na alma até ver-me, como aquelas princesas encantadas dos contos – que uma fada adormecera por cem anos. Quereria que um anjo a cobrisse sempre com seu véu e a banhasse todas as noites do seu óleo divino para guardá-la santa! Quereria que ela viesse criança transformar-se em mulher nos meus beijos.

O DESCONHECIDO
Muito bem, mancebo! E esperas essa mulher?

MACÁRIO
Quem sabe!

O DESCONHECIDO
E é no lodo da prostituição que hás de encontrá-la?

MACÁRIO
Talvez! É no lodo do oceano que se encontram as pérolas.

O DESCONHECIDO
Em mau lugar procuras a virgindade! É mais fácil achar uma pérola na casa de um joalheiro que no meio das areias do fundo do mar.

MACÁRIO
Quem sabe!...

O DESCONHECIDO
Duvidas, pois?

MACÁRIO
Duvido sempre. Descreio às vezes. Parece-me que este mundo é um logro. O amor, a glória, a virgindade, tudo é uma ilusão.

O DESCONHECIDO
Tens razão: a virgindade é uma ilusão! Qual é mais virgem, aquela que é deflorada dormindo, ou a freira que ardente de lágrimas e desejos se revolve no seu catre, rompendo com as mãos sua roupa de morte, lendo algum romance impuro?

MACÁRIO
Tens razão: a virgindade da alma pode existir numa prostituta e não existir numa virgem de corpo. – Há flores sem perfume, e perfume sem flores. Mas eu não sou como os outros. Acho que uma taça vazia pouco vale, mas não beberia o melhor vinho numa xícara de barro.

O DESCONHECIDO

E contudo bebes o amor nos lábios de argila da mulher corrupta!

MACÁRIO

O amor? Que te disse que era o amor? É uma fome impura que se sacia. O corpo faminto é como o conde Ugolino na sua torre – morderia até num cadáver.

O DESCONHECIDO

Tua comparação é exata. A meretriz é um cadáver.

MACÁRIO

Vale-nos ao menos que sobre seu peito não se morre de frio!

O DESCONHECIDO

Admira-me uma coisa. Tens vinte anos: deverias ser puro como um anjo e és devasso como um cônego!

MACÁRIO

Não é que eu não voltasse meus sonhos para o céu. A cisterna também abre seus lábios para Deus, e pede-lhe uma água pura – e o mais das vezes só tem lodo. Palavra de honra – que às vezes quero fazer-me frade.

O DESCONHECIDO

Frade! Para quê?

MACÁRIO

É uma loucura. Enche esse copo. *(Bebe.)* Pela Virgem Maria! Tenho sono. Vou dormir.

O DESCONHECIDO

E eu também. Boa noite.

MACÁRIO

Ainda uma vez, antes de dormir, o teu nome?

O DESCONHECIDO

Insistes nisso?

MACÁRIO

De todo o meu coração. Sou filho de mulher.

O DESCONHECIDO

Aperta minha mão. Quero ver se tremes nesse aperto ouvindo meu nome.

MACÁRIO

Juro-te que não, ainda que fosses...

O DESCONHECIDO

Aperta minha mão. Até sempre: na vida e na morte!

MACÁRIO

Até sempre, na vida e na morte!

O DESCONHECIDO

E o teu nome?

MACÁRIO

Macário. Se não fosse enjeitado, dir-te-ia o nome de meu pai e o de minha mãe. Era decerto alguma libertina. Meu pai, pelo que penso, era padre ou fidalgo.

O DESCONHECIDO
Eu sou o diabo. Boa noite, Macário.

MACÁRIO
Boa noite, Satã. *(Deita-se. O desconhecido sai.)* O diabo! Uma boa fortuna! Há dez anos que eu ando para encontrar esse patife! Desta vez agarrei-o pela cauda! A maior desgraça deste mundo é ser Fausto sem Mefistófeles... Olá, Satã!

SATÃ
Macário...

MACÁRIO
Quando partimos?

SATÃ
Tens sono?

MACÁRIO
Não.

SATÃ
Então já.

MACÁRIO
E o meu burro?

SATÃ
Irás na minha garupa.

* * *

Num caminho
(Satã montado num burro preto;
Macário na garupa.)

MACÁRIO
Para um pouco teu burro.

SATÃ
Não queres chegar?

MACÁRIO
É que ele tem um trote inglês de desesperar os intestinos.

SATÃ
E contudo este burro desce em linha reta do burro em que fez a sua entrada em Jerusalém o filho do velho carpinteiro José. Vês pois que é fidalgo como um cavalo árabe.

MACÁRIO
Tudo isso não prova que ele não trota danadamente. Falta-nos muito para chegar?

SATÃ
Não. Daqui a cinco minutos podemos estar à vista da cidade. Hás de vê-la desenhando no céu suas torres escuras e seus casebres tão pretos de noite como de dia, iluminada, mas sombria como uma essa de enterro.

MACÁRIO
Tenho ânsia de lá chegar. É bonita?

SATÃ *(Boceja.)*
Ah! é divertida.

MACÁRIO
Por acaso também há mulheres ali?

SATÃ
Mulheres, padres, soldados e estudantes. As mulheres são mulheres, os padres são soldados, os soldados são padres, e os estudantes são estudantes. Para falar mais claro: as mulheres são lascivas, os padres dissolutos, os soldados ébrios, os estudantes vadios. Isto salvo honrosas exceções, por exemplo, de amanhã em diante, tu.

MACÁRIO
Esta cidade deveria ter o teu nome.

SATÃ
Tem o de um santo: é quase o mesmo. Não é o hábito que faz o monge. Demais, essa terra é devassa como uma cidade, insípida como uma vila e pobre como uma aldeia. Se não estás reduzido a dar-te ao pagode, a suicidar-te de *spleen*, ou a alumiar-te a rolo, não entres lá. É a monotonia do tédio. Até as calçadas!

MACÁRIO
Que têm?

SATÃ
São intransitáveis. Parecem encastoadas as tais pedras. As calçadas do inferno são mil vezes melhores. Mas o pior da história é que as beatas e os cônegos, cada vez que saem, a cada topada, blasfemam tanto com

o rosário na mão que já estou enjoado. Admiras-te? Por que abres essa boca espantada? Antigamente o diabo corria atrás dos homens; hoje são eles que rezam pelo diabo. Acredita que te faço um favor muito grande em preferir-te à moça de um frade que me trocaria pelo seu Menino Jesus, e a um cento de padres que dariam a alma, que já não têm, por uma candidatura.

MACÁRIO
Mas, como dizias, as mulheres...

SATÃ
Debaixo do pano luzidio da mantilha, entre a renda do véu, com suas faces cor-de-rosa, olhos e cabelos pretos (e que olhos e que longos cabelos!), são bonitas. Demais, são beatas como uma bisavó; e sabem a arte moderna de entremear uma ave-maria com um namoro; e soltando uma conta do rosário lançar uma olhadela.

MACÁRIO
Oh! A mantilha acetinada! Os olhares de Andaluza! E a tez fresca como uma rosa! Os olhos negros, muito negros, entre o véu de seda dos cílios. Apertá-las ao seio com seus ais, seus suspiros, suas orações entrecortadas de soluços! Beijar-lhes o seio palpitante e a cruz que se agita no seu colo! Apertar-lhes a cintura, e sufocar-lhes nos lábios uma oração! Deve ser delicioso!

SATÃ
Tá! Tá! Tá – Que ladainha! Parece que já estás enamorado, meu Dom Quixote, antes de ver as Dulcineias!

MACÁRIO
Que boa terra! É o Paraíso de Mafoma!

SATÃ

Mas as moças poucas vezes têm bons dentes. A cidade colocada na montanha, envolta de várzeas relvosas, tem ladeiras íngremes e ruas péssimas. É raro o minuto em que não se esbarra a gente com um burro ou com um padre. Um médico que ali viveu e morreu deixou escrito numa obra inédita, que para sua desgraça o mundo não há de ler, que a virgindade era uma ilusão. E, contudo, não há em parte alguma mulheres que tenham sido mais vezes virgens que ali.

MACÁRIO

Têm-se-me contado muito bonitas histórias. Dizem na minha terra que aí, à noite, as moças procuram os mancebos, que lhes batem à porta, e na rua os puxam pelo capote. Deve ser delicioso! Quanto a mim, quadra-me essa vida excelentemente, nem mais nem menos que um sultão escolherei entre essas belezas vagabundas a mais bela. Aplicarei contudo o ecletismo ao amor. Hoje uma, amanhã outra: experimentarei todas as taças. A mais doce embriaguez é a que resulta da mistura dos vinhos.

SATÃ

A única que tu ganharás será nojenta. Aquelas mulheres são repulsivas. O rosto é macio, os olhos lânguidos, o seio moreno. Mas o corpo é imundo. Tem uma lepra que ocultam num sorriso. Bufarinheiras de infâmia, dão em troca do gozo o veneno da sífilis. Antes amar uma lazarenta!

MACÁRIO

És o diabo em pessoa. Para ti nada há bom. Pelo que vejo, na criação só há uma perfeição, a tua. Tudo o mais nada vale para ti. Substância da soberba, ris de tudo o mais embuçado no teu desdém. Há uma tradição, que quando Deus fez o homem, veio Satã; achou a criatura adormecida, apalpou-lhe o corpo: achou-o perfeito, e deitou aí as paixões.

SATÃ

Essa história é uma mentira. O que Satã pôs aí foi o orgulho. E o que são vossas virtudes humanas senão a encarnação do orgulho?

MACÁRIO

Oh! Ali vejo luzes ao longe. Uma montanha oculta no horizonte. Disséreis um pântano escuro cheio de fogos errantes. Por que paras o teu animal?

SATÃ

Tenho uma casa aqui na entrada da cidade. Entrando à direita, defronte do cemitério. Sturn, meu pajem, lá está preparando a ceia. Levanta-te sobre meus ombros: não vês naquele palácio uma luz correr uma por uma as janelas? Sentiram a minha chegada.

MACÁRIO

Que ruínas são estas? É uma igreja esquecida? A lua se levanta ao longe nas montanhas. Sua luz horizontal banha o vale e branqueia os pardieiros escuros do convento. Não mora ali ninguém? Eu tinha desejo de correr aquela solidão.

SATÃ

É uma propensão singular a do homem pelas ruínas. Devia ser um frade bem sombrio, ébrio de sua crença profunda, o jesuíta que aí lançou nas montanhas a semente desta cidade. Seria o acaso quem lhe pôs no caminho, à entrada mesmo, um cemitério à esquerda e umas ruínas à direita?

MACÁRIO

Se quisesses, Satã, podíamos descer pelo despenhadeiro, e ir ter lá embaixo, enquanto Sturn prepara ceia.

SATÃ

    Não, Macário. Minha barriga está seca como a de um eremita: deves também ter fome. Molhar os pés no orvalho não deve ser bom para quem vem de viagem. Vamos cear. Daqui a pouco o luar estará claro e poderemos vir.

MACÁRIO

    Fiat voluntas tua.

SATÃ

    Amen!

Ao luar. *(Junto de uma janela está uma mesa.)*

SATÃ

    Então, não bebes, Macário? Que tens, que estás pensativo e sombrio? Olha, desgraçado, é verdadeiro vinho do Reno que desdenhas!

MACÁRIO

    E tu és mesmo Satã?

SATÃ

    É nisso que pensavas? És uma criança. Decerto que querias ver-me nu e ébrio como Caliban, envolto no tradicional cheiro de enxofre! Sangue de Baco! Sou o diabo em pessoa! Nem mais nem menos: porque tenha luvas de pelica, e ande de calças à inglesa, e tenha os olhos tão azuis como uma alemã! Queres que te jure pela Virgem Maria?

MACÁRIO *(Bebe.)*

    Este vinho é bom. Quando se tem três garrafas de Johannisberg na cabeça, sente-se a gente capaz de escrever um poema. O poeta árabe bem o disse – o vinho faz do poeta um príncipe e do príncipe um poeta. Sabes quem inventou o vinho?

SATÃ

É uma bela coisa o vapor de um charuto! E, demais, o que é tudo no mundo senão vapor? A adoração é incenso, e o incenso o que é? O amor é o vapor do coração que embebeda os sentidos. Tu o sabes – a glória é fumaça.

MACÁRIO

Sim. É belo fumar! O fumo, o vinho e as mulheres! Sabes, há ocasião em que me dão venetas de viver no Oriente.

SATÃ

Sim... o Oriente! Mas que achas de tão belo naqueles homens que fumam sem falar, que amam sem suspirar? É pelo fumo? Fuma aqui... Vê, o luar está belo: as nuvens do céu parecem a fumaça do cachimbo do Onipotente que resfolga dormindo. Pelas mulheres? Faze-te vigário de freguesia...

MACÁRIO

É uma coisa singular esta vida. Sabes que às vezes eu quereria ser uma daquelas estrelas para ver de camarote essa Comédia que se chama o Universo? Essa Comédia onde tudo que há mais estúpido é o homem que se crê um espertalhão? Vês aquele boi que rumina ali deitado sonolento na relva? Talvez seja um filósofo profundo que se ri de nós. A filosofia humana é uma vaidade. Eis aí, nós vivemos lado a lado, o homem dorme noite a noite com uma mulher: bebe, come, ama com ela, conhece todos os sinais de seu corpo, todos os contornos de suas formas, sabe todos os ais que ela murmura nas agonias do amor, todos os sonhos de pureza que ela sonha de noite e todas as palavras obscenas que lhe escapam de dia… Pois bem – a esse homem que deitou-se mancebo com essa mulher ainda virgem, que a viu em todas as fases, em todos os seus crepúsculos, e acordou um dia com ela ambos velhos e impotentes, a esse homem, perguntai-lhe o que é essa mulher, ele não saberá dizê-lo! Ter volvido e revolvido um livro a ponto de manchar-lhe e romper-lhe as folhas, e não entendê-lo! Eis o que é a filosofia do homem! Há cinco mil anos que ele se abisma em si, e pergunta-se quem é, donde veio, aonde vai, e o que tem mais juízo é aquele que moribundo crê que ignora!

SATÃ

Eis o que é profundamente verdade! Perguntai ao libertino que venceu o orgulho de cem virgens e que passou outras tantas noites no leito de cem devassas, perguntai a D. Juan, Hamlet ou ao Fausto o que é a mulher, e… nenhum o saberá dizer. E isso que te digo não é romantismo. Amanhã numa taverna poderás achar Romeu com a criada da estalagem, verás D. Juan com Julietas, Hamlet ou Fausto sob a casaca de um *dandy*. É que esses tipos são velhos e eternos como o sol. E a humanidade que os estuda desde os primeiros tempos ainda não entende esses míseros, cuja desgraça é não entender, e o sábio que os vê a seu lado deixa esse estudo para pensar nas estrelas; o médico, que talvez foi moço de coração e amou e creu, e desesperou e descreu, ri-se das doenças da alma e só vê a nostalgia na ruptura de um vaso, o amor concentrado quando se materializa numa tísica. Se Antony ainda vive e deu-se à medicina, é capaz de receitar uma dose de jalapa para uma dor íntima; um cautério para uma dor de coração!

MACÁRIO

Falas como um livro, como dizem as velhas. Só Deus ou tu sabes se o Ramée ou D. César de Basan, Santa Teresa ou Marion Delorme, o sábio ou o ignorante, Creso ou Iro, Goethe ou o mendigo ébrio que canta, entenderam a vida. Quem sabe onde está a verdade? Nos sonhos do poeta, nas visões do monge, nas canções obscenas do marinheiro, na cabeça do doido, na palidez do cadáver, ou no vinho ardente da orgia? Quem sabe?

SATÃ

És triste como um sino que dobra. Não falemos nisto. Fala-me antes na beleza de alguma virgem nua, na languidez de uns olhos negros, na convulsão que te abala nalguma hora de deleite. A minha guitarra está ali: queres que te cante alguma modinha? Pela lua! Estás distraído como um fumador de ópio!

MACÁRIO

No que penso? Hás de rir se contar-to. É uma história fatal.

SATÃ

Deixa-me acender outro charuto... Muito bem. Conta agora. É algum romance?

MACÁRIO

Não: lembrei-me agora de uma mulher. Uma noite encontrei na rua uma vagabunda. A noite era escura. Eu ia pelas ruas à toa. Segui-a. Ela levou-me à sua casa. Era um casebre. A cama era um catre: havia um colchão em cima, mas tão velho, tão batido, que parecia estar desfeito ao peso dos que aí haviam-se revolvido. Deitei-me com ela. Estive algumas horas. Essa mulher não era bela: era magra e lívida. Essa alcova era imunda. Eu estava aí frio: o contato daquele corpo amolecido não me excitava sensações: e contudo eu mentia à minha alma, dando-lhe beijos. Eu saí dali. No outro dia de manhã voltei. A casa estava fechada. Bati. Não me responderam. Entrei: – uma mulher saiu-me ao encontro.

Perguntei-lhe pela outra. Silêncio! me disse a velha. – Está deitada ali no chão. Morreu esta noite. E com um ar cínico... – "Quereis vê-la? Está nua... Vão amortalhá-la".

SATÃ

Na verdade, é singular. E o nome dessa mulher?

MACÁRIO

Esqueci-o. Talvez amanhã eu t'o diga: amanhã ou depois, que importa um nome? E contudo essa misérrima com quem deitei-me uma noite, que pretendia ter o segredo da virgindade eterna de Marion Delorme, que me falava de amanhã com tanta certeza, que mercadejava sua noite de amanhã como vendera segunda vez a de seu hoje, e que decerto morreu pensando nos meios de excitar mais deleite, na receita da virgindade eterna que ela sabia como a antiga Marion Delorme, essa mulher que esqueci como se esquecem os que são mortos, me fez ainda agora estremecer.

SATÃ

E quem sabe se aquela mulher, a cujo lado estiveste, não era a ventura?

MACÁRIO

Não te entendo.

SATÃ

Quem sabe se naquele pântano não encontrarias talvez a chave de ouro dos prazeres que deliram?

MACÁRIO

Quem sabe! Talvez.

SATÃ
É tarde. Agora é uma caveira a face que beijaste – uma caveira sem lábios, sem olhos e sem cabelos. O seio se desfez. A vulva onde a sede imunda do soldado se enfurnava – como um cão se sacia de lodo – foi consumida na terra. Tudo isso é comum. É uma ideia velha, não? E quem sabe se sobre aquele cadáver não correram lágrimas de alguma esperança que se desvaneceu? Se com ela não se enterrou teu futuro de amor? Não gozaste aquela mulher?

MACÁRIO
Não.

SATÃ
Se ali ficasses mais alguma hora, talvez ela te morresse nos braços. Aquela agonia, o beijo daquela moribunda talvez regenerasse. Da morte nasce muitas vezes a vida. Dizem que se a rabeca de Paganini dava sons tão humanos, tão melodiosos, é que ele fizera passar a alma de sua mãe, de sua velha mãe moribunda, pelas cordas e pela caverna de seu instrumento. Sentes frio, que te embuges assim no teu capote?

MACÁRIO
Satã, fecha aquela janela. O ar da noite me faz mal. O luar me gela. Demais, senti nas folhagens ao longe um estremecer. Que som abafado é aquele ao longe? Dir-se-ia o arranco de um velho que estrebucha.

SATÃ
É a meia-noite. Não ouves?

MACÁRIO
Sim. É a meia-noite. A hora amaldiçoada, a hora que faz medo às bestas, e que acorda o ceticismo. Dizem que a essa hora vagam espíritos,

que os cadáveres abrem os lábios inchados e murmuram mistérios. É verdade, Satã?

SATÃ

Se não tivesses tanto frio, eu te levaria comigo ao campo. Eu te adormeceria no cemitério e havias ter sonhos como ninguém os tem, e como os que os têm não querem crê-los.

MACÁRIO

Bem, muito bem. Irei contigo.

SATÃ

Vamos pois. Dá-me tua mão. Está fria como a de um defunto! Dentro em alguns momentos estaremos longe daqui. Dormirás esta noite um sono bem profundo.

MACÁRIO

O da morte?

SATÃ

Fundo como o do morto: mas acordarás, e amanhã lembrarás sonhos como um ébrio nunca vislumbrou.

MACÁRIO

Vamos – estou pronto.

SATÃ

Deixa-me beber um trago de curaçau. – Vamos. A lua parou no céu. Tudo dorme. É a hora dos mistérios. Deus dorme no seio da criação como Loth no regaço incestuoso de sua filha. Só vela Satã.

(Satã, com a mão sobre o estômago de Macário, que está deitado sobre um túmulo.)

SATÃ
　Acorda!

MACÁRIO *(Estremece.)*
　Ah! Pensei nunca mais acordar! Que sono profundo!

SATÃ
　Divertiste muito à noite, não?

MACÁRIO
　É horrível! Horrível!

SATÃ
　Fala.

MACÁRIO
　Meu peito se exauriu. Meus lábios não podem transbordar estes mistérios.

SATÃ
　Era pois muito medonho o que vias? Levanta-te daí.

MACÁRIO
　Não posso: quebrou-se meu corpo entre os braços do pesadelo. Não posso.

SATÃ
　Liba este licor: uma gota bastaria para reanimar um cadáver.

MACÁRIO *(Toca-o nos lábios.)*
　Que fogo! Meu peito arde. Ah! Ah! Que dor!

SATÃ

Não sabes que para o metal bruto se derreter e cristalizar é mister um fogo ardente, ou a centelha magnética?

MACÁRIO

Que sonho! Era um ar abafado – sem nuvens e sem estrelas! – Que escuridão! Ouvia-se apenas de espaço a espaço um baque como o de um peso que cai no mar e afunda-se. Às vezes vinha uma luz, como uma estrela ardente, cair e apagar-se naquela lagoa negra. Depois eu vi uma forma de mulher pensativa. Era nua e seu corpo era perfeito como o de um anjo – mas era lívido como o mármore. Seus olhos eram vidrados, os lábios brancos, e as unhas roxeadas. Seu cabelo era louro, mas tinha uns reflexos de branco. – Que dor desconhecida a gelara assim e lhe embranquecera os cabelos? Não sei. Ela se erguia às vezes, cambaleando, estremecendo suas pernas indecisas, como uma criança que tirita; – e se perdia nas trevas. Eu a segui. Caminhamos longo tempo num chão pantanoso...

SATÃ

E tu a viste parar numa torrente que transbordava de cadáveres – tomá-los um por um nos braços sem sangue, apertar-se gelada naqueles seios de gelo, revolver-se, tremer, arquejar – e erguer-se depois sempre com um sorriso amargo.

MACÁRIO

Quem era essa mulher?

SATÃ

Era um anjo. Há cinco mil anos que ela tem o corpo da mulher e o anátema de uma virgindade eterna. Tem todas as sedes, todos os apetites lascivos, mas não pode amar. Todos aqueles em que ela toca se gelam. Repousou o seu seio, roçou suas faces em muitas virgens e prostitutas, em muitos velhos e crianças – bateu a todas as portas da criação, estendeu-se em todos os leitos e com ela o silêncio... Essa estátua ambulante é quem murcha as flores, quem desfolha o outono, quem amortalha as esperanças.

MACÁRIO
Quem é?

SATÃ
E depois o que viste?

MACÁRIO
Vi muita coisa... Eram mil vozes que rebentavam do abismo, ardentes de blasfêmia! Das montanhas e dos vales da terra, das noites de amor e das noites de agonia, dos leitos do noivado aos túmulos da morte erguia-se uma voz que dizia: – Cristo, sê maldito! Glória, três vezes glória ao anjo do mal! – E as estrelas fugiam chorando, derramando suas lágrimas de fogo... E uma figura amarelenta beijava a criação na fronte – e esse beijo deixava uma nódoa eterna...

SATÃ
Estás muito pálido. E contudo sonhaste só meia hora.

MACÁRIO
Eu pensei que era um século. O que um homem sente em cem anos não equivale a esse momento. Que estrela é aquela que caiu do céu, que ai é esse que gemeu nas brisas?

SATÃ
É um filho que o pai enjeitou. É um anjo que desliza na terra. Amanhã talvez o encontres. A pérola talvez se enfie num colar de bagas impuras

— talvez o diamante se engaste em cobre. Aposto como daqui a um momento será uma mulher, daqui a um dia, uma Santa Madalena!

MACÁRIO
Descrido!

SATÃ
O anjo é a criatura do amor. E o que há mais aberto ao amor que a filha de Jerusalém? Qual é a sombra onde mais vezes tem vibrado essa pólvora mágica e incompreensível? Qual é o seio onde têm caído ardentes mais lágrimas de gozo?

MACÁRIO
Não ouviste um ai? Um outro ai ainda mais dorido?

SATÃ
É algum bacurau que passou; algum passarinho que acordou nas garras de uma coruja.

MACÁRIO
Não: o eco ainda o repete. Ouves? É um ai de agonia, uma voz humana! Quem geme a essas horas? Quem se torce na convulsão da morte?

SATÃ *(Dando uma gargalhada.)*
Ah! ah! ah!

MACÁRIO
Que risada infernal. Não vês que tremo? Que o vento que me trouxe esse ai me arrepiou os cabelos? Não sentes o suor frio gotejar de minha fronte?

SATÃ *(Ri-se.)*
Ah! Ah! Ah!

MACÁRIO
Satã! Satã! Que ai era aquele?

SATÃ
Queres muito sabê-lo?

MACÁRIO
Sim! Pelo inferno ou pelo céu!

SATÃ
É o último suspiro de uma mulher que morreu, é a última oração de uma alma que se apagou no nada.

MACÁRIO
E de quem é esse suspiro? Por quem é essa oração?

SATÃ
Decerto que não é por mim… Insensato, não adivinhas que essa voz é a de tua mãe, que essa oração era por ti?

MACÁRIO
Minha mãe! Minha mãe!

SATÃ
Pelas tripas de Alexandre Bórgia! Choras como uma criança!

MACÁRIO
Minha mãe! Minha mãe!

SATÃ
Então ficas aí?

MACÁRIO

Vai-te, vai-te, Satã! Em nome de Deus! Em nome de minha mãe! Eu te digo: – Vai-te!

SATÃ *(desaparecendo)*

É por pouco tempo. Amanhã me chamarás. Quando me quiseres, é fácil chamar-me. Deita-te no chão com as costas para o céu; põe a mão esquerda no coração; com a direita bate cinco vezes no chão, e murmura – Satã!
A estalagem da estrada *(Do princípio. As janelas fechadas. Batem à porta)*

MACÁRIO *(acordando)*

Que sonho! Foi um sonho... Satã! Qual Satã! Aqui estão as minhas botas, ali está o meu ponche... A ceia está intacta na mesa! Minha garrafa vazia do mesmo modo! Contudo eu sou capaz de jurar que não sonhei! Olá, mulher da venda!

A MULHER *(batendo de fora)*

Senhor moço! Abra! Abra!

MACÁRIO

Que algazarra do diabo é essa?
(Abre a porta. Entra a mulher.)

A MULHER

Ah! Senhor! Estou cansada de bater à sua porta! Pois o senhor dorme a sono solto até três horas da tarde!

MACÁRIO

Como?

A MULHER

Nem ceou – aposto: nem ceou. A vela ardeu toda. Ora vejam como podia pegar fogo na casa! Pegou no sono, comendo decerto!

MACÁRIO

Esta é melhor! Pois aqui não esteve ninguém ontem comigo?

A MULHER

Pela fé de Cristo! Ninguém.

MACÁRIO

Pois eu não saí daqui de noite, alta noite, na garupa de um homem de ponche vermelho e preto, porque meu burro tinha fugido para o sítio do Nhô Quito?

A MULHER *(espantada, benzendo-se)*

Nao, senhor! Não ouvi nada... O burro está amarrado na baia. Comeu uma quarta de milho...

MACÁRIO *(Chega à janela.)*

Como! Não choveu a cântaros esta noite? É singular! Eu era capaz de jurar que cheguei até a cidade, antes de meia-noite!

A MULHER *(benzendo-se)*

Se não foi por artes do diabo, o senhor estava sonhando.

MACÁRIO

O diabo! *(Dá uma gargalhada à força.)* Ora, sou um pateta! Qual diabo, nem meio diabo! Dormi comendo, e sonhei nestas asneiras!... Mas que vejo! *(Olhando para o chão.)* Não vês?

A MULHER

    O que é? Ai! ai! Uns sinais de queimado aí pelo chão! Cruz! Cruz! Minha Nossa Senhora de S. Bernardo!... É um trilho de um pé...

MACÁRIO

    Tal e qual um pé!...

A MULHER

    Um pé de cabra... Um trilho queimado... Foi o pé do diabo! O diabo andou por aqui!

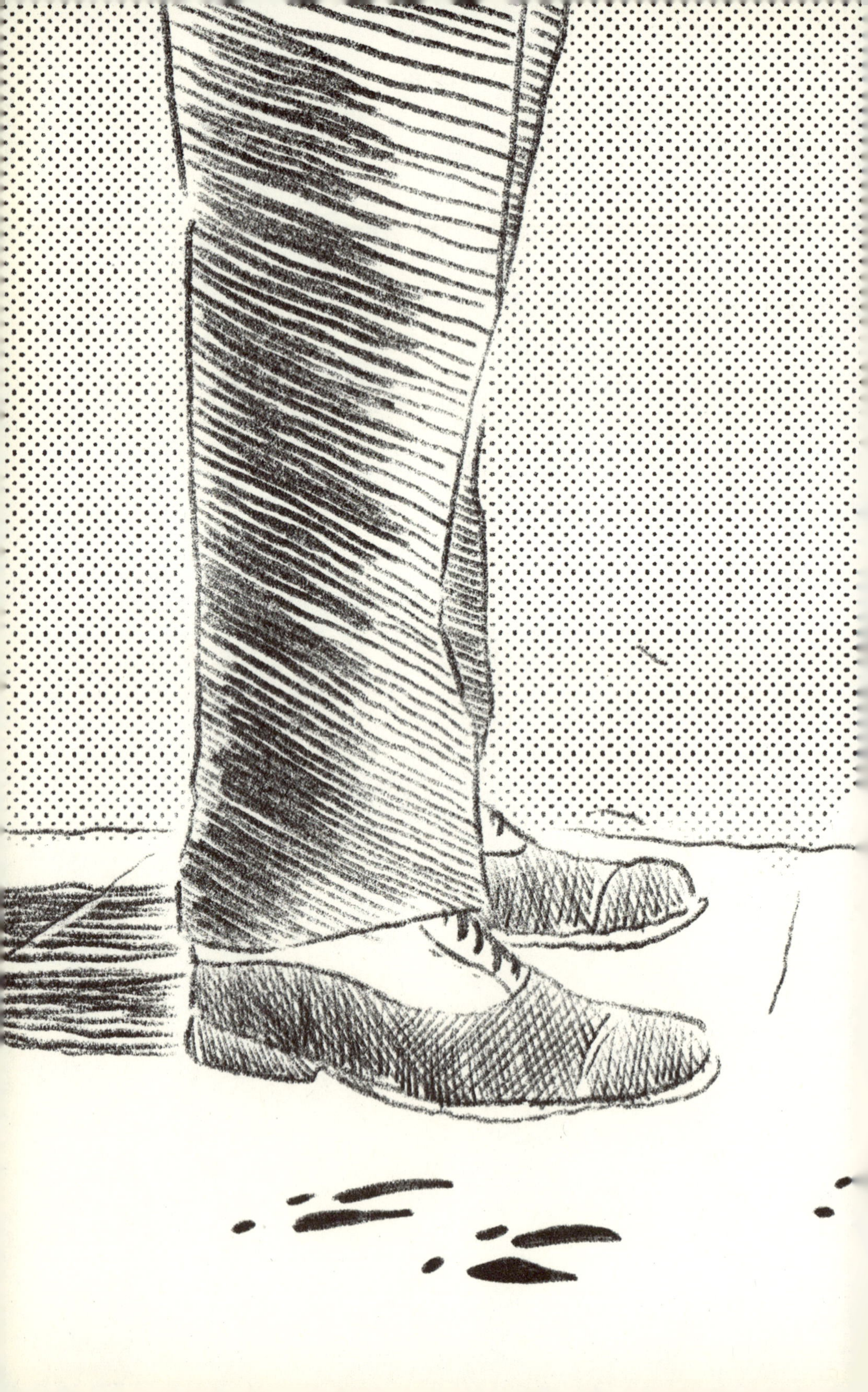

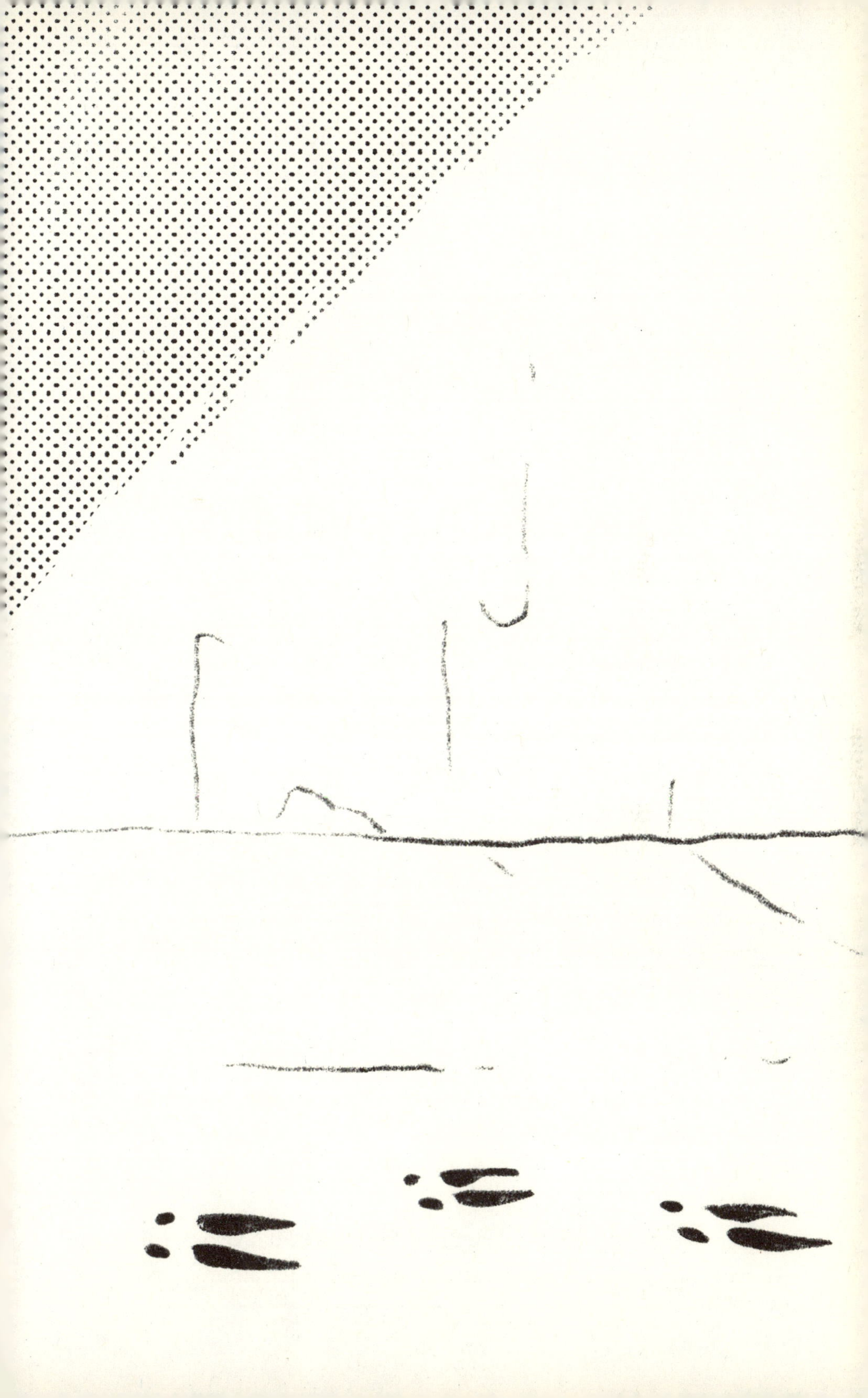

Segundo episódio

Na Itália *(Um vale, montanhas à esquerda. – Um rio torrentoso à direita. – No caminho uma mulher sentada no chão acalenta um homem com a cabeça deitada no seu regaço.)*

MACÁRIO *(cismando)*
   Morrer! Morrer! Quando o vinho do amor embebeda os sentidos, quando corre em todas as veias e agita todos os nervos, parece que se esgotou tudo. Amanhã não pode ser tão belo como hoje. E acordar do sonho, ver desfeita uma ilusão! Nunca!... Olá, mulher, afasta-te do caminho. Quero passar.

A MULHER
   Não o piseis não, ele dorme. Dorme... Está cansado. Não vedes como está pálido? Coitado!

MACÁRIO
   Sim, está pálido: não é o luar que o faz lívido. Eu o vejo. É teu amante? A lua que alveja tuas tranças grisalhas ri de teu amor. Messalina de

cabelos brancos, quem apertas no seio emurchecido? Tão alta noite, quem é esse mancebo de cabelos negros que adormece no teu colo?... Como está pálido... Que testa fria... Mulher! Louca mulher, quem acalentas é um cadáver.

A MULHER
Um defunto?... Não... Ele dorme: não vedes? É meu filho... Apanharam-no boiando nas águas levado pelo rio... Coitado! Como está frio!... É das águas... Tem os cabelos ainda gotejantes... Diziam que ele morreu... Morrer! Meu filho! É impossível... Não sabeis? Ele é a minha esperança, meu sangue, minha vida. É meu passado de moça, meus amores de velha... Morrer ele? É impossível. Morrer? Como? Se eu ainda sinto esperanças, se ainda sinto o sangue correr-me nas veias, e a vida estremecer meu coração!

MACÁRIO
Velha! Estás doida.

A MULHER
Não morreu, não. Ele está dormindo. Amanhã há de acordar... Há muito tempo que ele dorme... Que sono profundo! Nem um ressonar! Ele foi sempre assim desde criança. Quando eu o embalava ao meu seio, ele às vezes empalidecia que parecia um morto, tanto era pálido e frio! Meu filho! Hei de aquentá-lo com meus beiços, com meu corpo...

MACÁRIO
Pobre mãe!

A MULHER
Falai mais baixo. Eu pedi ao vento que se calasse, ao rio que emudecesse. Não vedes? Tudo é silêncio. Escuta: sabes tocar? Vai ver tua

viola – canta alguma cantiga da tua terra. Dizem que a música faz ter sonhos sossegados...

MACÁRIO
    Sonhos! Que sonhos soergue teu lençol, ó leito da morte? *(Passa adiante.)* Esta mulher está doida. Este moço foi banhar-se na torrente e afogou-se. Eu vi carregarem seu cadáver úmido e gelado. Pobre mãe! Embala-o nu e macilento no seu peito, crendo embalar a vida. Louca!... Feliz talvez! Quem sabe se a ventura não é a insânia?
    (Mais longe, sentado num rochedo à beira do rio, está Penseroso cismando.)

PENSEROSO
    É alta noite. Disseram-me ainda agora que eram duas horas. É doce pensar ao clarão da lua quando todos dormem. A solidão tem segredos amenos para quem sente. O coração do mancebo é como essas flores pálidas que só abrem de noite, e que o sol murcha e fecha. Tudo dorme. A aldeia repousa. Só além, junto das fogueiras, os homens da montanha e do vale conversam suas saudades. Mais longe a toada monótona da viola se mistura à cantilena do sertanejo, ou aos improvisos do poeta singelo da floresta, alma ignorante e pura que só sabe das emoções do sentimento, e dos cantos que lhe inspira a natureza virgem de sua terra. O rio corre negro a meus pés, quebrando nas pedras sua escuma prateada pelos raios da lua que parecem gotejar dentre os arvoredos da margem. No silêncio sinto minha alma acordar-se embalada nas redes moles do sonho. É tão doce o sonhar para quem ama!... No que estará ela pensando agora? Cisma, e lembra-se de mim? Dorme e sonha comigo? Ou encostada na sua janela ao luar sente uma saudade por mim?

MACÁRIO *(passando)*
    Penseroso! Boa noite, Penseroso! Que imaginas tão melancólico?

PENSEROSO
Boa noite, Macário. Aonde vais tão sombrio?

MACÁRIO (*sombrio*)
Vou morrer.

PENSEROSO
Eu sonhava em amor!

MACÁRIO
E eu vou morrer!

PENSEROSO
Tu brincas. Vi um sorriso nos teus lábios.

MACÁRIO
É um sorriso triste, não? Eu t'o juro pela alma de minha mãe, vou morrer.

PENSEROSO
Morrer! Tão moço! E não tens pena dos que chorarão por ti? Daquelas pobres almas que regarão de lágrimas ardentes teu rosto macilento, teu cadáver insensível?

MACÁRIO
Não; não tenho mãe. Minha mãe não me embalará endoidecida entre seus joelhos, pensando aquentar com sua febre de louca o filho que dorme. Ninguém chorará. Não tenho mãe.

PENSEROSO
Pobre moço! Não amas!

MACÁRIO

Amo – amo sim. Passei toda esta noite junto ao seio de uma donzela, pura e virgem como os anjos.

PENSEROSO

Que tens? Cambaleias. Estás ébrio?

MACÁRIO

Ébrio sim – ébrio de amor – de prazer. Aquela criança inocente embebedou-me de gozo. Que noite! Parece que meu corpo desfalece. E minha alma absorta de ternura só tem um pensamento – morrer!

PENSEROSO

Amar e não querer viver!

MACÁRIO

Ela é muito bela. Eu vivi mais nesta noite que no resto de minha vida. Um mundo novo se abriu ante mim. Amei.

PENSEROSO

Não é verdade que a mulher é um anjo?

MACÁRIO

Sim – é um anjo que nos adormece, e nos seus braços nos leva a uma região de sonhos de harmonias desconhecidas. Sua alma se perde conosco num infinito de amor, como essas aves que voam à noite, e se mergulham no seio do mistério.

PENSEROSO

A mulher! Oh! Se todos os homens as entendessem! Essas almas divinas são como as fibras harmoniosas de uma rabeca. O ignorante não arranca dela um som melodioso... embalde suas mãos grosseiras revolvem e apertam o arco sobre elas – embalde! Somente sons ásperos ressoam.

Mas que a mão do artista as vibre, que a alma do músico se derrame nelas, e do instrumento grosseiro do mendigo ignorante, ou do cego vagabundo, como do *stradivarius* divino, exalam-se ais, vozes humanas, suspiros e acentos entrecortados de lágrimas.

MACÁRIO

Oh! Sim! Se na vida há uma coisa real e divina é a arte – e na arte se há um raio do céu é na música. Na música que nos vibra as cordas da alma, que nos acorda da modorra da existência a alma embotada. Oh! É tão doce sentir a voz vaporosa que trina, que nos enleva e que parece que nos faz desfalecer, amar e morrer!

PENSEROSO

E é tão doce amar! Eu amei, eu amo muito. Sabe Deus as noites que me ajoelho pensando nela! A brisa bebe meus suspiros, e minhas lágrimas silenciosas e doces orvalham meu rosto.

MACÁRIO

Oh! O amor! E por que não se morre de amor? Como uma estrela que se apaga pouco a pouco entre perfumes e nuvens cor-de-rosa, por que a vida não desmaia e morre num beijo de mulher? Seria tão doce inanir e morrer sobre o seio da amante enlanguescida! No respirar indolente de seu colo confundir um último suspiro!

PENSEROSO

Amar de joelhos, ousando a medo nos sonhos roçar de leve num beijo os cílios dela, ou suas tranças de veludo! Ousando a medo suspirar seu nome! Esperando a noite muda para contá-lo à lua vagabunda!

MACÁRIO

Morrer numa noite de amor! Rafael no seio de sua Fornarina... Nos lábios perfumados da Italiana, adormecer sonolento... dormir e não acordar!

PENSEROSO

Que tens? Estás fraco. Senta-te junto de mim. Repousa tua cabeça no meu ombro. O luar está belo, e passaremos a noite conversando em nossos sonhos e nossos amores...

MACÁRIO *(desfalecendo)*

Tudo se escurece... Não sentes que tudo anda à roda?... Que vertigem... Dá-me tua mão!... Sim. Enxuga minha fronte. Que suor!

PENSEROSO

Como estás abatido... Como empalideces! Ah! Como resvalas... Que tens, meu amigo?

MACÁRIO

Se eu pudesse morrer! *(Desmaia.)*

(Satã entra.)

SATÃ

Que loucura! Esse desmaio veio a tempo: seria capaz de lançar-se à torrente. Porque amou, e uma bela mulher o embriagou no seu seio, querer morrer!
(Carrega-o nos braços.)

Vamos... E como é belo descorado assim! Com seus cabelos castanhos em desordem, seus olhos entreabertos e úmidos, e seus lábios feminis! Se eu não fora Satã, eu te amaria, mancebo...
(Vai levá-lo.)

PENSEROSO

Quem és tu? Deixa-o... Eu o levarei.

SATÃ

Quem eu sou? Que te importa? Vou deitá-lo num leito macio. Daqui a pouco seu desmaio passará. É um efeito do ar frio da noite sobre uma cabeça infantil ardente de febre. Adeus, Penseroso.

PENSEROSO

Quem és tu, desconhecido, que sabes meu nome?

MACÁRIO E SATÃ

MACÁRIO

Tenho tédio, Satã! Aborreces-me como se aborrecem as amantes esquecidas.

SATÃ

Tens cartas aí? Joguemos. Que queres? A ronda, a barca, o lasquenet?

MACÁRIO

Sou infeliz no jogo. Queimo-me e perco. Quando aposto e perco, tenho desejos de atirar com as cartas à cara do banqueiro.

SATÃ

Pois eu jogo, perco e gosto de jogar. É que somos como Adão e Eva, *os ex ossibus, caro ex carne*. A propósito de jogo, queres que te conte uma história?

MACÁRIO

Mentirosa ou verdadeira?

SATÃ

É o que não importa: nem mais nem menos que as *Mil e Uma Noites*. Um dia deu-me a lua para virar a cabeça de uma moça. Meti-me no paletó de um mancebo, pálido, alumiado de seus sonhos de poeta, transbordando de orgulho – no mais nem feio nem bonito, tinha olhos pardos, o cabelo longo em anéis e a barba luzente como cetim. O moço tinha uma amante. Era uma moça bonita, morena, de olhos muito lânguidos e muito úmidos; o que tinha de mais melindroso era a boquinha de rosa e mãozinhas as mais suaves do mundo.

MACÁRIO
Tua história é velha como o dilúvio. É difusa como um folhetim.

SATÃ
Estás massante como Falstaff bêbedo. Não importa. Quero alegrar-te um pouco. A história é divertida. Podia-se bem torneá-la num volume em 8º com estampas e retrato do autor, com a competente carta-prólogo de moda. – Mas escuta: sou mais fiel que os *Sermonistas*, serei breve o mais possível. – Ora, a amante tinha uma irmã. Pálida e suave como a mais bela das amantes de Filipe II – era o retrato vivo da Calderona. Eram aquelas pálpebras rasgadas à espanhola, uns olhos negros cheios de fogo meridional, o seio adormecido. Acrescenta a essa imagem que a moça era virgem como um botão de rosa... Fazia sonhar a amante do rei quando seminua, sentada sobre as bordas do leito, repousando a mão sobre a face, sentia as lágrimas do amor e da saudade banharem-lhe os olhos ao luar. Isto que te digo o moço o pensou. Foi um nunca findar de versos, de passeios românticos pelos vales, pelas encostas das montanhas, um inteiro viver e morrer por ela, como ele o dizia nalgum soneto. Vês que me torno poético. Quando vi o moço com a cabeça tonta, revolvendo-se pálido nos seus delírios esperançosos à fé de bom Diabo que sou, interessei-me por ele. Demais, pareciam morrer um pelo outro. Os apertos de mãos a furto, os olhares cheios de languidez, tudo isso parece que azoinou a mente virginal da donzela. – Uma noite na sombra, a medo beijaram-se. Aquele beijo

tinha amor e loucura nos lábios. O moço perdeu-se de amor. Escreveu-
-lhe uma carta: transbordou aí todas as suas poesias, toda a febre de
seu devaneio. Não te rias, é d'estilo, Macário. O que há de mais sério e
risível que o amor? As falas de Romeu ao luar, os suspiros de Armida,
os sonetos de Petrarca tomados ao sério dão desejos de gargalhar...
A partida estava proposta, as paradas feitas, e eu para assegurar o jogo
tinha chumbado os dados. Era de apostar a minha cabeça contra a de
um santo, todas as mulheres belas da terra por uma bruxa.

MACÁRIO
Adivinho – ganhaste?

SATÃ
Que sofreguidão! Não contava com o anjo da guarda da moça. Fez
umas cócegas na criancice da virgem, e lá se vai ela toda chorosa levar
a carta à irmã. O tal anjo que sabia orelhar a sua sota bifou-me o jogo;
velhaqueou com o velhaco, surripiou os dados, e numa risada inocente
chuleou-me a parada.

MACÁRIO
Pobre moça!

SATÃ
E o rapaz que perdeu as suas ilusões... Mas quero desforra.

MACÁRIO
Desforra? Tomas duas vezes.

SATÃ
É doloroso. Mas o mundo é do diabo, assim como o céu é dos tolos. Falam de convento. Querem cortar os cabelos negros da moça e cosê-la na
mortalha da freira. Ora pois, se consigo ao mesmo tempo virar a cabeça

da moça e da freira, mandar o anjo limpar a mão à parede, as Santas que lhe peguem com um trapo quente. Demais a partida começou.

MACÁRIO
E ela quer?

SATÃ
Isso de mulheres, nem eu, que sou o Diabo, as entendo. Quem entende o vento, as ondas e o murmurar das folhas? A mulher é um elemento. A santa mais santa, a virgem mais pura, há instantes em que se daria a Quasímodo; e Messalina era capaz de enjeitar Romeu ou Don Juan. Mas enfim... Macário?

MACÁRIO (*dormindo*)
Hum!

SATÃ
Dorme como um cão. Boa noite, minha criança. Vou fazer uma visita a uma bela da vizinhança que anda regateando o que lhe resta de alma para ser moça três dias. – Até lá dará meia-noite.

MACÁRIO, PENSEROSO

MACÁRIO
Que ideia rola no teu cérebro inflamado, meu poeta... Como um ramo despido de folhas que se dobra ao peso de um bando de aves da noite, por que sua cabeça se inclina ao peso dos pensamentos?

PENSEROSO
E contudo eu amei-a! Eu amei tanto! Sagrei-a no fundo de minha alma a rainha das fadas, e ressumbrei nela o anjo misterioso que me havia

conduzido adormecido no seu batel mágico a um mundo maravilhoso de amores divinos. Se fui poeta, se pedi a Deus os delírios da inspiração, foi para encantar com seu nome as cordas douradas do alaúde, para votar nos seus joelhos as páginas de ouro de meus poemas, e semear o seu caminho dos louros da minha glória!

MACÁRIO
Oh! Acordar como Julieta com seu Romeu pálido no seio, com a cabeça romântica ainda dourada do último reflexo do crepúsculo da vida, acordar dos sonhos de noiva no sudário da morte, com os goivos murchos dos finados na fronte em vez da coroa nupcial cheirosa da amante de Romeu! Apertá-lo embalde ao seio ardente, banhar-lhe de lágrimas de fogo as faces pálidas, e de beijos os lábios frios, e procurar-lhe insana pelos lábios um derradeiro assomo de vida ou uma gota de veneno para ela. É duro, é triste! É um caso que merece as lágrimas mais doloridas dos olhos. – Mas dói ainda mais fundo acordar dos sonhos esperançosos com o cadáver frio das esperanças sobre o peito! Pobre Penseroso! Amaste um instante que foi tua vida como Julieta e como Romeu: e não tiveste a conversa ao luar no jardim de Capuleto, não tremeste nas falas amorosas da primeira noite de amor, e não soubeste que doces que são os beijos da longa despedida, e o pensar que não são as aves da manhã, mas o rouxinol do vale quem gorjeia nas romeiras, que o revérbero de lua branca nas nuvens do Oriente, e o apagar das estrelas não crepusculava o dia, e crer na vida em si e numa mulher com as mãos de uma pálida amante sobre o coração!

PENSEROSO
Por ela fui pedir à solidão os murmúrios, fui abrir meu coração aos hálitos moribundos do crepúsculo, ajoelhei-me junto das cruzes da montanha, e no sussurro das aves que adormeciam, no cintilar das primeiras estrelas da noite, na gaza transparente e purpurina que desdobrava seu

véu luminoso por entre as sombras do vale, em toda essa natureza bela que dormia fui escutar as vozes íntimas do amor, e meu peito acordou-se cantando e sonhando com ela!

MACÁRIO
Tenho pena de ti. Mas consola-te. Que valem as lágrimas insensatas? Todas elas são assim. Eu também chorei, mas, como as gotas que porejam da abóbada escura das cavernas, essas lágrimas ardentes deixaram uma crosta de pedra no meu coração. Não chores. Vem antes comigo. Geórgio dá hoje uma ceia: uma orgia esplêndida como num romance. Teremos os vinhos da Espanha, as pálidas voluptuosas da Itália, e as Americanas morenas, cujos beijos têm o perfume vertiginoso das magnólias e o ardor do sangue meridional. Não há melhor túmulo para a dor que uma taça cheia de vinho ou uns olhos negros cheios de languidez.

PENSEROSO
Não: vai só. – Se tu soubesses no que eu penso e no que tenho pensado! Enquanto eu falo, minha alma desvaria, e a minha febre devaneia. Sonhei sangue no peito dela, sangue nas minhas mãos, sangue nos meus lábios, no céu, na terra... em tudo! Pareceu-me que tremia nas escadas bambas do cadafalso... Senti a risada amarela do homem da vingança... Depois minha cabeça escureceu-se. Pensei no suicídio. Macário, Macário, não te rias de mim! Como o vagabundo, que se debruça sobre um precipício sem fundo, senti a vertigem regelar meus cabelos hirtos e um suor de medo banhar minha fronte. Tenho medo! Sou um doido, Macário, eu o sei. Que longa vai essa noite! A lua avermelhada não lança luz no céu escuro: nem a brisa no ar: é uma noite de verão, ardente como se a natureza também tivesse a febre que inflama meu cérebro!...

Numa sala. Sobre a mesa livros de estudo. PENSEROSO encostado na mesa. MACÁRIO fumando.

PENSEROSO

Li o livro que me deste, Macário. Li-o avidamente. Parece que no coração humano há um instinto que o leva à dor como o corvo ao cadáver. Aquele poema é frio como um cadáver. É um copo de veneno. Se aquele livro não é um jogo de imaginação, se o ceticismo ali não é máscara de comédia, a alma daquele homem é daquelas mortas em vida, onde a mão do vagabundo podia semear sem susto as flores inodoras da morte.

MACÁRIO

E o ceticismo não tem a sua poesia?... O que é a poesia, Penseroso? Não é porventura essa comoção íntima de nossa alma com tudo que nos move as fibras mais íntimas, com tudo que é belo e doloroso?... A poesia será só a luz da manhã cintilando na areia, no orvalho, nas águas, nas flores, levantando-se virgem sobre um leito de nuvens de amor, e de esperança? Olha o rosto pálido daquele que viu como a Níobe morrerem uma por uma, feridas pela mão fatal que escreveu a sina do homem, suas esperanças nutridas da alma e do coração – e dize-me se no riso amargo daquele descrido, se na ironia que lhe cresta os beiços não há poesia como na cabeça convulsa do Laocoonte. As dores do espírito confrangem tanto um semblante como aquelas da carne. Assim como se cobre de capelas de flores a cruz de uma cova abandonada, por que não derramar os goivos da morte no cemitério das ilusões da vida? A natureza é um concerto cuja harmonia só Deus entende, porque só ele ouve a música que todos os peitos exalam. Só ele combina o canto do corvo e o trinar do pintassilgo, as nênias do rouxinol e o uivar da fera noturna, o canto de amor da virgem na noite do noivado, e o canto de morte que na casa junta arqueja na garganta de um moribundo. Não maldigas a voz rouca do corvo – ele canta na impureza um poema desconhecido, poema de sangue e dores peregrinantes como a do bengali é de amor e ventura! Fora loucura pedir vibrações a uma harpa sem cordas, beijos à donzela que morreu, fogo a uma lâmpada que se apaga. Não peças esperanças ao homem que descrê e desespera.

PENSEROSO

Macário! E ele tão velho, teve tantos cadáveres que apertar nos braços nas horas de despedida, que o seu sangue se gelasse, e seus nervos que não dormem precisassem do ceticismo, como Paganini do ópio para adormecer? Por que foi ele banhar sua fronte juvenil na vertigem dos gozos amaldiçoados? Com as mãos virgens, por que vibrou o alaúde lascivo esquecido num canto do lupanar? É um livro imoral: por que esse moço entregou-se delirante a essa obra noturna de envenenamento? Não te rias, Macário – pobre daquele que não tem esperanças; porém maldito aquele que vai soprar as cinzas de sua esterilidade sobre a cabeça fecunda daquele que ainda era puro! O coração é um oceano que o bafejar de um louco pode turvar, mas a quem só o hálito de Deus aplaca as tormentas.

Esperanças! E esse descrido não palpita de entusiasmo no rodar do carro do século, nos alaridos do progresso, nos hosanas do industrialismo laurífero? Não sente ele que tudo se move – que o século se emancipa – e a cruzada do futuro se recruta? Não sonha ele também com esse Oriente para onde todos se encaminham sedentos de amor e de luz?

Esperanças! E esse Americano não sente que ele é o filho de uma nação nova, não a sente o maldito cheia de sangue, de mocidade e verdor? Não se lembra que seus arvoredos gigantescos, seus oceanos escumosos, os seus rios, suas cataratas, que tudo lá é grande e sublime? Nas ventanias do sertão, nas trovoadas do sul, no sussurro das florestas à noite não escutou nunca os prelúdios daquela música gigante da terra que entoa à manhã a epopeia do homem e de Deus? Não sentiu ele que aquela sua nação infante que se embala nos hinos da indústria europeia como Júpiter nas cavernas do Ida, no alarido do Coribantes – tem futuro imenso?

Esperanças! Não as ter quando todos as têm! Quando todos os peitos se expandem como as velas de uma nau, ao vento do futuro! Por que antes não cantou a sua América como Chateaubriand e o poeta de Virgínia, a Itália como a Mignon de Goethe, o Oriente como Byron, o amor dos anjos como Thomas Moore, o amor das virgens como Lamartine?

MACÁRIO
Muito bem, Penseroso. Agora cala-te: falas como esses Oradores de lugares-comuns que não sabem o que dizem. A vida está na garrafa de conhaque, na fumaça de um charuto de Havana, nos seios voluptuosos da morena. Tirai isso da vida – o que resta? Palavra de honra que é deliciosa a água morna de bordo de vossos navios! Que têm um aroma saudável as máquinas de vossos engenhos a vapor! Que embalam num *far niente* balsâmico os vossos cálculos de comércio! Não sabeis da vida. Acende esse charuto, Penseroso, fuma e conversemos.
Falas em esperanças. Que eternas esperanças que nada parem! O mundo está de esperanças desde a primeira semana da criação… e o que tem havido de novo? Se Deus soubesse do que havia de acontecer, não se cansava em afogar homens na água do dilúvio, nem mandar crucificar, macilenta e ensanguentada, a imagem de seu Cristo divino. O mundo hoje é tão devasso como no tempo da chuva de fogo de Sodoma. Falais na indústria, no progresso? As máquinas são muito úteis, concordo. Fazem-se mais palácios hoje, vendem-se mais pinturas e mármores – mas a arte degenerou em ofício – e o gênio suicidou-se.
Enquanto não se inventar o meio de ter mocidade eterna, de poder amar cem mulheres numa noite, de viver de música e perfumes, e de saber-se a palavra mágica que fará recuar das salas do banquete universal o espectro da morte – antes disso, pouco tereis adiantado.
Dizes que o mundo caminha para o Oriente. Não serei eu, nem o sonhador daquele livro que ficaremos no caminho. O harém, os cavalos

da Arábia, o ópio, o hatchis, o café de Moka, e o latakiá – são coisas soberbas!

A poesia morre – deixá-la que cante seu adeus de moribunda. Não escutes essa turba embrutecida no plagiar e na cópia. Não sabem o que dizem esses homens que para apaixonar-se pelo canto esperam que o hosana da glória tenha saudado o cantor. São estéreis em si como a parasita. Músicos – nunca serão Beethoven nem Mozart. Escritores – todas as suas garatujas não valerão um terceto do Dante. Pintores – nunca farão viver na tela uma carnação de Rubens ou erguer-se no fresco um fantasma de Michelangelo. É a miséria das misérias. Como uma esposa árida, tressuam e esforçam-se debalde para conceber. Todos os dias acordam de um sonho mentiroso em que creram sentir o estremecer do feto nas entranhas reanimadas.

Falam nos gemidos da noite no sertão, nas tradições das raças perdidas da floresta, nas torrentes das serranias, como se lá tivessem dormido ao menos uma noite, como se acordassem procurando túmulos, e perguntando como Hamlet no cemitério a cada caveira do deserto o seu passado.

Mentidos! Tudo isso lhes veio à mente lendo as páginas de algum viajante que se esqueceu talvez de contar que nos mangues e nas águas do Amazonas e do Orenoco há mais mosquitos e sezões do que inspiração; que na floresta há insetos repulsivos, répteis imundos; que a pele furta--cor do tigre não tem o perfume das flores – que tudo isto é sublime nos livros, mas é soberanamente desagradável na realidade!

Escuta-me ainda. O autor deste livro não é um velho. Se não crê, é porque o ceticismo é uma sina ou um acaso, assim como é às vezes um fato de razão. As cordas daquela lira foram vibradas por mãos de moço, mãos ardentes e convulsas de febre talvez de inspiração...

Foi talvez um delírio, mas foi da cabeça e do coração que se exalaram aqueles cantos selvagens. Foi numa vibração nervosa, com o sangue a galoupar-lhe febril pelas veias, com a mente ébria de seu sonho ou do seu pesadelo que ele cantou. Se as fibras da harpa desafinam, se a mão ríspida as estala, se a harpa destoa, é que ele não pensou nos versos quando pensava na poesia, é que ele cria e crê que a estância é uma roupa como outra – apenas, como o diz George Sand, a arte é um manto para as belezas nuas: é que ele preferira deixar uma estátua despida a pespontar de ouro uma túnica de veludo para embuçar um manequim. É que ele pensa que a música do verso é o acompanhamento da harmonia das ideias e ama cem vezes mais o Dante com sua versificação dura, os rasgos de Shakespeare com seus versos ásperos, do que os alexandrinos feitos a compasso de Sainte-Beuve ou Turquety.

PENSEROSO

Tudo isso nada prova. – É uma poesia, concordo, concordo; mas é uma poesia terrível. E um hino de morte sem esperança do céu, como o dos fantasmas de João Paulo Richter. É o mundo sem a luz, como no canto da Treva. É o ateísmo como na *Rainha Mab* de Shelley. Tenho pena daqueles que se embriagam com o vinho do ceticismo.

MACÁRIO

Amanhã pensarás comigo. Eu também fui assim. O tronco seco sem seiva e sem verdor foi um dia o arvoredo cheio de flores e de sussurro.

PENSEROSO

Não crer! E tão moço! Tenho pena de ti.

MACÁRIO

Crer? E no quê? No Deus desses sacerdotes devassos? Desses homens que saem do lupanar quentes dos seios da concubina, com sua sotaina preta ainda alvejante do cotão do leito dela para ir ajoelhar-se nos degraus do templo? Crer no Deus em que eles mesmos não creem, que esses ébrios profanam até do alto da tribuna sagrada?

PENSEROSO
Não falemos nisto. Mas o teu coração não te diz que se nutre de fé e de esperanças?

MACÁRIO
A filosofia é vã. É uma cripta escura onde se esbarra na treva. As ideias do homem o fascinam, mas não o esclarecem. Na cerração do espírito ele estala o crânio na loucura ou abisma-se no fatalismo ou no nada.

PENSEROSO
Não: não é o filosofismo que revela Deus. A razão do homem é incerta como a chama desta lâmpada: não a excites muito, que ela se apagará.

MACÁRIO
Só restam dois caminhos àquele que não crê nas utopias do filósofo. O dogmatismo ou o ceticismo.

PENSEROSO
Eu creio porque creio. Sinto e não raciocino.

MACÁRIO
Talvez seja a treva de meu corpo que escureça minha alma. Talvez um anjo mau soprasse no meu espírito as cinzas sufocadoras da dúvida. Não sei. Se existe Deus, ele me perdoará se a minha alma era fraca, se na minha noite lutei embalde com o anjo como Jacó, e sucumbi. – Quem sabe? – eis tudo o que há no meu entendimento. Às vezes creio, espero: ajoelho-me banhado de pranto, e oro; outras vezes não creio, e sinto o mundo objetivo vazio como um túmulo.

PENSEROSO

Vê – o mundo é belo. A natureza estende nas noites estreladas o seu véu mágico sobre a terra, e os encantos da criação falam ao homem de poesia e de Deus. As noites, o sol, o luar, as flores, as nuvens da manhã, o sorriso da infância, até mesmo a agonia consolada e esperançosa do moribundo ungido que se volta para Deus. Tudo isso será mentira? As esperanças espontâneas, as crenças que um olhar de virgem nos infiltra, as vibrações unânimes das fibras sensíveis serão uma irrisão? O amor de tua mãe, as lágrimas do teu amor – tudo isso não te acorda o coração? Serás como essas harpas abandonadas cujas cordas roem a umidade e a ferrugem, e onde ninguém pode acordar uma harmonia? Por que estalaram? Que dor profunda as rebentou? Quando tua alma ardente abria seus voos para pairar sobre a vida cheia de amor, que vento de morte murchou-te na fronte a coroa das ilusões, apagou-te no coração o fanal do sentimento, e despiu-te das asas da poesia? Alma de guerreiro, deu-te Deus porventura o corpo inteiriçado do paralítico? Coração de Romeu, tens o corpo do lazarento ou a fealdade de Quasímodo? Lira cheia de músicas suspirosas, negou-te a criação cordas argentinas? Oh! Não! Abre teu peito e ama. Tu nunca viste tua ilusão gelar-se na frente da amante morta, teu amor degenerar nos lábios de uma adúltera. Alma fervorosa, no orgulho de teu ceticismo não te suicides na atonia do desespero. A descrença é uma doença terrível; destrói com seu bafo corrosivo o aço mais puro: é ela quem faz de Rembrandt um avarento, de Bocage um libertino! Para os peitos rotos, desenganados nos seus afetos mais íntimos, onde se sepultam como cadáveres todas as crenças, para esses aquilo que se dá a todos os sepulcros: uma lágrima! Aquele que jogou sua vida como um perdulário, que se eivou numa dor secreta, que sentiu cuspirem-lhe nas faces sublimes esses que riam como Demócrito, duvidem como Pírron, ou durmam indiferentes no seu escárnio como Diógenes o cínico no seu tonel. A esses leva uma torrente profunda:

revolvem-se na treva da descrença como Satã no infinito da perdição e do desespero! Mas nós, mas tu e eu, que somos moços, que sentimos o futuro nas aspirações ardentes do peito, que temos a fé na cabeça e a poesia nos lábios, a nós o amor e a esperança: a nós o lago prateado da existência. Embalemo-nos nas suas águas azuis – sonhemos, cantemos e creiamos! Se o poeta da perdição dos anjos nos conta o crime da criatura divina, liba-nos da despedida do Éden o beijo de amor que fez dos dois filhos da terra uma criatura, uma alma cheia de futuro. Se na primeira página da história da passagem do homem sobre a terra há o cadáver de Abel, e o ferrete de Caim o anátema – naquelas tradições ressoa o beijo de mãe de Eva pálida sobre os lábios de seu filho!

MACÁRIO
Ilusões! O amor – a poesia – a glória. – Ilusões! Não te ris tu comigo da glória como eu rio dela? A glória entre essa plebe corrupta e vil que só aplaude o manto do Tartufo e apedreja as estátuas mais santas do passado! Glória! Nunca te lembras do Dante, de Byron, de Chatterton, o suicida? E Werner poeta, sublime e febril também, morto de ceticismo e desespero sob sua grinalda de orgia? Glória! São acaso os louros salpicados de lodo, manchados, descridos, cuspidos do poviléu, e que o futuro só consagra ao cadáver que dorme?
Escuta. Eu também amei. Eu também talvez possa amar ainda. Às vezes quando a mente se me embebe na melancolia, quando me passam na alma sonhos de homem que não dorme, e que chamam poesia; eu sinto ainda reabrir-se o meu peito a amores de mulher. Parece que se aquela beleza de olhos e cabelos negros, de colo arquejante e flutuoso me deixasse repousar a cabeça sobre seu peito, eu poderia ainda viver e querer viver, e ter alento bastante para desmaiar ali na voluptuosidade pura de um espasmo, na vertigem de um beijo.
Mas o que me agita as fibras ainda é a voluptuosidade – é o ademã de uma beleza lânguida, a sede insaciável do gozo.

São sonhos! Sonhos, Penseroso! É loucura abrir tanto os véus do coração e essas brisas enlevadas que vêm tão sussurrantes de enleio, tão repassadas de aromas e beijos! É loucura talvez! E contudo quando o homem só vive deles, quando todas as portas se fecharam ao enjeitado – por que não ir bater na noite de febre no palácio da fada das imaginações? Põe a mão no meu coração. Tuas falas m'o fizeram bater. Havia uma voz dentro dele que eu pensava morta, mas que estava só emudecida. Escuta-a. Há uma mulher em quem eu pensei noites e noites: que encheu minhas noites de insônia, meu sono de visões fervorosas, meus dias de delírio. Eu amei essa mulher. Eu a segui passo a passo na minha vida. Deite-me na calçada da rua defronte de sua janela, para ouvir a sua voz, para entrevê-la a furto branca e vaporosa, para respirar o ar que ela bebia, para sentir o perfume de seus cabelos e ouvir o canto de seus lábios. Eu amei muito essa mulher. E por vê-la uma hora ao pé de mim – seminua – embora fosse adormecida –, só por vê-la, e por beijá-la de leve, eu daria minha vida inteira ao nada. E essa mulher, essa mulher...

PENSEROSO
Que tem? Fala...

MACÁRIO
Adeus, Penseroso. Eu pensei que tu me acordavas a vida no peito. Mas a fibra em que tocaste e onde foste despertar uma harmonia é uma fibra maldita, cheia de veneno e de morte. Adeus, Penseroso. Ai daquele a quem um verme roeu a flor da vida como a Werther! A descrença é a filha enjeitada do desespero. Fausto é Werther que envelheceu, e o suicídio da alma é o cadáver de um coração. O desfolhar das ilusões anuncia o inverno da vida.

PENSEROSO
Aonde vais? Aonde vais?

MACÁRIO
Aonde vou todas as noites. Vagarei à toa pelos campos até que o sono feche meus olhos e que eu adormeça na relva fria das orvalhadas da noite. Adeus.

* * *

A mesma sala

PENSEROSO *(Só. Escreve.)*
Não escreverei mais: não. Calarei o meu segredo e morrerei com ele. Esqueceu tudo! Tudo! Esqueceu as noites solitárias em que eu estava a sós com ela, com sua mão na minha, com seus olhos nos meus. Esqueceu! Deus lhe perdoe. E, se eu morro por ela, seja ela feliz!
Mas por que mentia se ela se ria de mim? Por que aqueles olhares tão lânguidos, aqueles suspiros tão doces? Por que sua mão estremecia nas minhas e se gelava quando eu a apertava? Por que naquela noite fatal, quando eu a beijei, ela escondeu seu rosto de virgem nas mãos, e as lágrimas corriam por entre seus dedos, e ela fugiu soluçando?
(Pensativo.)
Ela não me ama – é certo. Nunca, nunca ela me teve amor: a ilusão morreu. Oh! Não morrerei com ela? Ontem falei com Davi sobre o suicídio. Davi declamou, repetiu o que dizem esses homens sem irritabilidade de coração, que julgam que as palavras provam alguma coisa. Eu sorri. Davi é feliz – ele, sim, nunca amará – não há de sentir esse sentimento único e queimador absorver como uma casuarina toda a seiva do peito, alimentar-se de todas as esperanças, todas as ambições, todos os amores da terra e do céu, dos homens e de Deus, para fazer de tudo isso uma única essência, para transubstanciar tudo isso no amor de uma mulher! E depois, quando esse amor morrer, achando o

peito vazio como o de um esqueleto, não terá animo para adormecer no seio da morte!

Eis aí o veneno. Ó minha terra! Ó minha mãe! Mais nunca te verei! Meu pai, meu santo pai! E tu, mãe de minha mãe que sentias por mim, cuja vida era uma oração por mim, que enxugavas tuas lágrimas nos teus cabelos brancos pensando no teu pobre neto! Adeus! Perdão! Perdão!... Creio que chorei. Tenho a face molhada. A dor me enfraqueceria? Não! Não! Não há remédio. Morrerei.

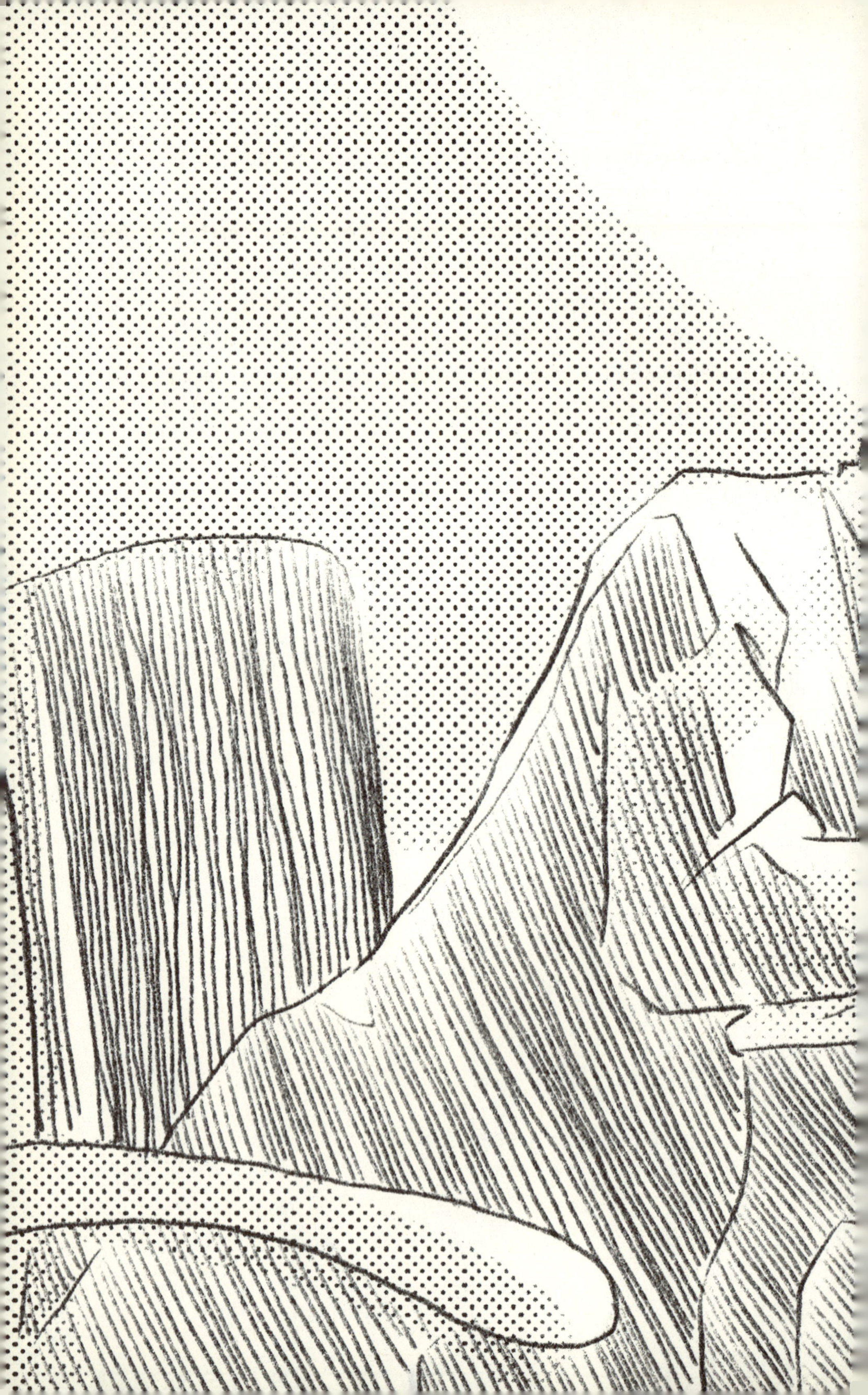

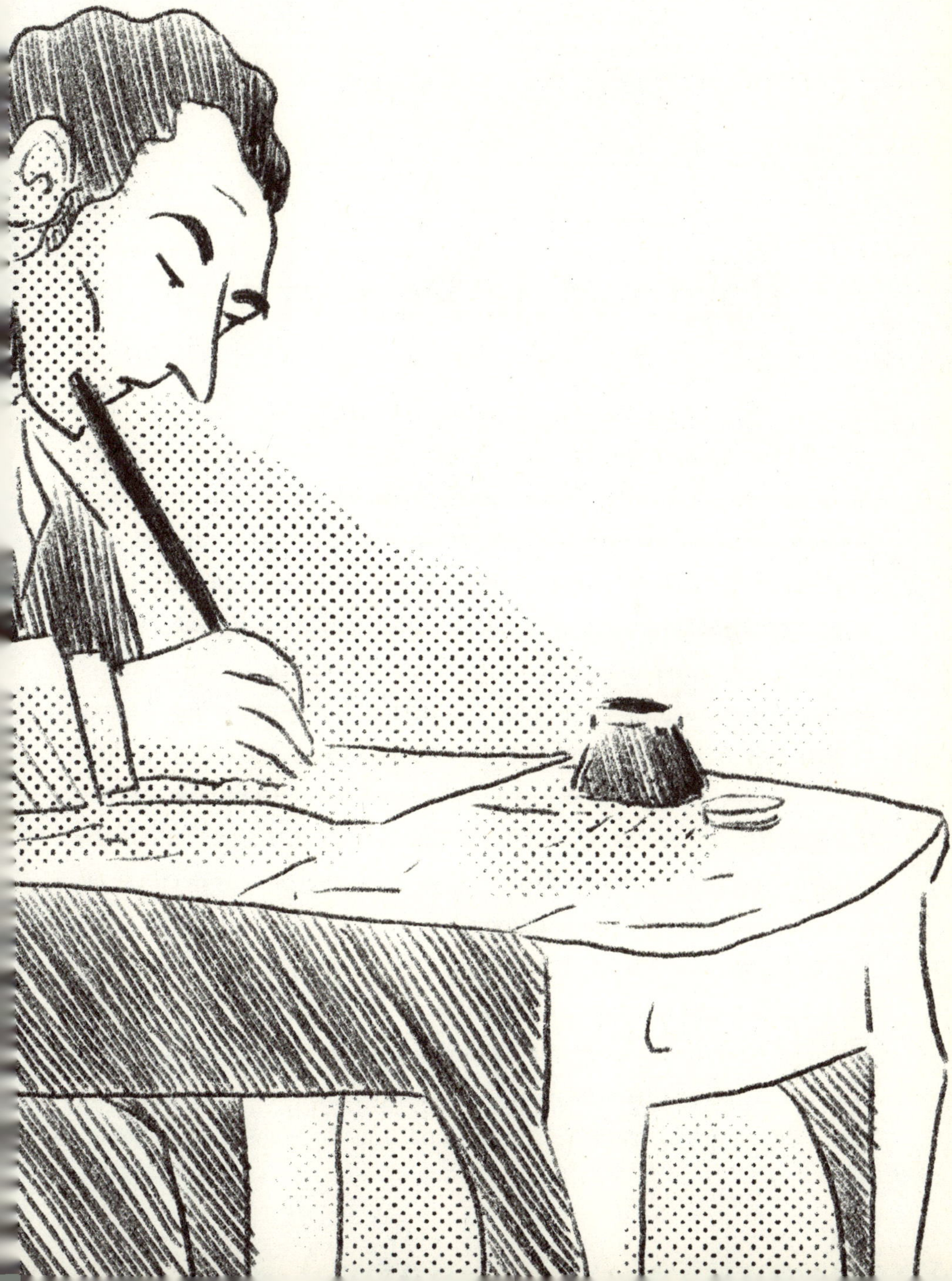

Páginas de Penseroso

    Se há um homem que cresce no futuro, fui eu. Tive confiança no orgulho de meu coração e no gênio que sentia na minha cabeça. Eu sinto-o. Deus me fez poeta. Esse mundo, a natureza, as montanhas, o eflúvio luminoso das noites de luar, tudo isso me acordava vibrações, me revelava no peito cordas que nunca escutei senão nos poetas divinos, que nunca senti no peito cavernoso e vazio dos outros homens. Sou rico, moço, morrerei pouco mais velho que o desgraçado Chatterton. E por todo o meu futuro, minhas glórias, toda essa ambição imensa, essa sede fogosa de uma alma que não se sacia com os prazeres de convenção da vida suntuosa dos palácios esplêndidos, e das aclamações da fama, eu só queria seu peito junto do meu – sua mão na minha. O andrajo do miserável não me doeria se eu tivesse o manto de ouro do seu amor.

    Oh! Ela não me entendeu! Não merecia tamanho amor. Tomei-a nua, fria e bruta como o escultor uma pedra de mármore – a visão que vesti com a gaza acetinada das minhas ilusões, a estátua que despertei do seio da matéria, não estava aí. Estava no meu coração e só nele. Fi-la bela, dessa beleza divina que Deus me ressumbrou na alma de poeta. Talvez é assim

– mas assim mesmo eu morro por ela. – Amo-a como o pintor a sua Madona, como o escultor a sua Vênus, como Deus a sua criatura.

Era a única estátua da criação que se podia aviventar ao bafo ardente de meu peito. Não amei nunca outra mulher. Se o coração é um lírio que as paixões desfloram, sou ainda virgem; no deleite das minhas noites delirantes, tu o sabes, meu Deus, eu nunca amei!

E por que viver se o coração é morto? Se eu hoje dormisse sobre essa ideia, se eu pudesse adormecer no ócio e no tédio, seria isso ainda viver?

Viver era sentir, era amar, era crer que a ventura não é um sonho, e que eu tinha um leito de flores onde descansar da vida, onde eu pudesse crer que a glória, o futuro não valem um beijo de mulher!

Morrerei. – Não posso trazer no peito o cadáver de minhas ilusões, como a infanticida o remorso a lhe tremer nas entranhas. Há doenças que não têm cura. A tempestade é violenta, e o cansado marinheiro adormeceu no seio da morte. Antes isso que a lenta agonia do desespero, do que esse corvo da descrença e da ironia que rói as fibras ainda vivas como um cancro.

E seria contudo tão bela a vida se ela me amasse! Oh! Por que me traiu? Por que embalou-me nos seus joelhos, nos acentos mágicos da música dos anjos da esperança, do amor, para lançar-me na treva erma desse desalento e dessa saudade eivada de morte?

Viveríamos tão bem! Era tão fácil minha ventura! Por esses rios imensos da minha terra há tantas margens viçosas e desertas, cheias de flores e de berços de verdura, de retiros amenos, onde as aves cantam na primavera eterna do nosso céu, e as brisas suspiram tão docemente nas tardes purpurinas! Seríamos sós – sós – e essa solidão nós a povoaríamos com o mundo angélico do nosso amor! Nos crepúsculos de verão eu a levaria pelas montanhas a embriagar-se de vida nos aromas da terra palpitante, pelos vales ainda úmidos de orvalho e ao tom das águas sem pensar na vida, pensando só que o amor é o ouro dos rochedos brancos da existência, a estrela dos céus misteriosos, a palavra sacramental e mágica que rompe as cavernas do infinito e da ventura! Oh! Deitado nos seus joelhos, ouvindo sua voz misturar-se ao silêncio do deserto, vendo sua face mais bela no véu luminoso e pálido do luar, como seria doce viver! Era assim que eu esperava amar, era assim que eu podia morrer sem saudades da vida, suspirando de amor! Sou um doido, meu Deus! Por que mergulhar mais o meu coração nessa lagoa venenosa das ilusões? Quero ter ânimo para morrer. Estalou-se nas minhas mãos o último ramo que me erguia sobre o abismo. Para que sonhar mais o que é impossível?

É ainda um sonho o que vou escrever.

Eu sonhei esta noite – e sonhei com ela. – Era meio-dia na floresta. A sombra caía no ar calmoso...

* * *

Uma rua

PENSEROSO *(passando)*
Tenho febre. É o efeito do veneno? Para que obre melhor tenho-o tomado aos poucos. Tenho às vezes estremecimentos que me gelam. Sinto um fogo no estômago, e as veias do meu cérebro parecem queimar o meu crânio e inundá-lo de sangue fervente. A cabeça me dói: às vezes parece-me que os ossos do meu crânio estalam – a minha vista se escurece e meus nervos tremem – meu coração parece abafado e palpita ansioso – a respiração me custa. Oh! Custa tanto morrer!

O DOUTOR LARIUS *(passando a cavalo)*
Penseroso! Penseroso! Aonde vais tão pálido?

PENSEROSO
Doutor, bom dia. Acha-me pálido?

O DOUTOR
Como tua mão está ardente! Como tua testa queima! Tens febre, Penseroso.

PENSEROSO
Tenho febre, não é assim? Ponha a mão no meu coração, veja como bate!

O DOUTOR
Como teu peito está úmido de suor! Como pulsa teu coração! Penseroso, Penseroso! O que tens, meu amigo?

PENSEROSO
O que tenho? Não tenho nada – absolutamente nada. Adeus, doutor.

O DOUTOR
Aonde vais? O sol está ardente, e tens febre. Descansemos aqui na sombra. Ou então vamos para casa e deita-te.

PENSEROSO
Sim. Adeus, doutor. *(Vai-se apressado.)*

O DOUTOR
Penseroso! Penseroso!

Uma sala
(Num canto da sala, junto do piano, Penseroso só com a Italiana. Ouve-se o falar confuso partindo de outros lados da sala. – Risadas, murmúrios de homens e mulheres que conversam.)

PENSEROSO
Adeus, senhora: eu me vou. Adeus, mas ao menos dai-me um olhar de compaixão para que, se eu morrer de abandono, não morra sem uma bênção – e o vosso olhar é uma bênção!

A ITALIANA

Que dizeis, senhor Penseroso?

PENSEROSO

Sim – não me entendeis: eu sou um insensato. Pobre daquele a quem não compreendem!

A ITALIANA

Por que o dizeis? Não vos prometi a minha mão? Por quem se espera no altar? É por mim? Não, Penseroso, é pela vontade de teu pai... Não te dei eu minha alma, assim como te darei meu corpo?

PENSEROSO

Ó! Virgem! se acaso um só momento de tua vida tu consagraste um suspiro ao desgraçado, se um só momento tu o amaste, ah! Que Deus em paga desse instante te dê um infinito de ventura!

A ITALIANA

Penseroso! Que tens? Nunca te vi assim. Eras pensativo e estás sombrio. Eras melancólico e estás triste. Que tens, que me não confias? Não sou eu tua noiva?

PENSEROSO

Ó senhora! Se uma eternidade se pode comprar por um sonho, o sonho que me embalou na minha existência bem valera ser comprado por uma eternidade!

A ITALIANA

O teu sonho é o meu – é o nosso amor – a minha vida por ti, a tua vida por mim: nós dois formando um único ser, uma única alma, um mundo de delícias e de mistério só para nós e por nós!

PENSEROSO
   Oh! Sonhar e acordar!

A ITALIANA
   Então...

PENSEROSO
   Meu Deus! Meu Deus! Perdoai-me. Adeus! Adeus! *(Com os olhos em lágrimas.)* Quem sabe se não será para sempre? *(Sai.)*

A ITALIANA *(empalidecendo)*
   Para sempre? Ah!

O quarto de Penseroso

PENSEROSO *(só)*
   Ela não me ama. Que importa? Eu lh'o perdoo. Perdoo a leviandade daquela criança pura e santa que me leva ao suicídio. Oh! Se eu pudesse vê-la ainda!
   Passei toda a noite pelo campo que se estende junto à casa dela. Vi as luzes apagarem-se uma por uma. Só o quarto dela ficara iluminado. Havia ser muito tarde quando a luz se apagou. Pareceu-me ver ainda depois uma imagem branca encostada na janela...
   Coitada! Ela não sabe que eu estava ali, a seus pés, com o desespero n'alma, e o veneno no peito, cheio de desejos e de morte, cheio de saudades e de desesperança!
   Vaguei toda a noite. Quando acordei, estava muito longe. Assentei-me à beira do caminho. A meus pés se estendia o precipício coberto de ervaçal...
   À direita, longe numa lagoa saíam os primeiros raios do dia. O orvalho reluzia nas folhas das árvores antigas do caminho, em cuja sombra imensa acordavam os passarinhos cantando...

Perdoai-me, meu Deus! Talvez seja uma fraqueza o suicídio – por que será um crime ao pobre louco sacrificar os seus sonhos da vida?

* * *

Este cordão de cabelos quero que seja entregue a ela: são cabelos de minha mãe – de minha mãe que morreu. Trouxe-os sempre no meu peito. Quero que ela os beije às vezes e lembre-se de mim...

* * *

Esse amor foi uma desgraça. Foi uma sina terrível. Ó meu pai! Ó minha segunda mãe! Ó meus anjos! Meu céu! Minhas campinas! É tão triste morrer!...

* * *

Ah! Que dores horríveis! Tenho fogo no estômago... Minha cabeça se sufoca... Ar! Ar! Preciso de ar... Eu te amei, eu te amei tanto!... *(Desmaia.)*

HUBERTO *(entrando)*
Penseroso! Que tens? Que convulsão! Ah! É uma agonia! Depressa, depressa, chamem alguém... O Dr. Larius... Ó meus companheiros, socorrei nosso amigo... Penseroso morre! Davi! Davi! Onde está Davi?

UMA VOZ
Está caçando.

HUBERTO
E Macário, onde está também?

A VOZ
  Tomou ontem uma bebedeira. Está ébrio como uma cabra.

À porta de uma taverna
MACÁRIO vai saindo e encontra SATÃ.

SATÃ
  Aonde vais?

MACÁRIO
  Sempre tu, maldito!

SATÃ
  Aonde vais? Sabes de Penseroso?

MACÁRIO
  Vou ter com ele.

SATÃ
  Vai, doido, vai! Que chegarás tarde! Penseroso morreu.

MACÁRIO
  Mataram-no!

SATÃ
  Matou-se.

MACÁRIO
  Bem.

SATÃ
  Vem comigo.

MACÁRIO
    Vai-te.

SATÃ
    És uma criança. Ainda não saboreaste a vida e já gravitas para a morte. O que te falta? Ouro em rios? Eu t'o darei. Mulheres? Tê-las-ás virgens, adúlteras ou prostitutas... O amor? Dar-te-ei donzelas que morram por ti, e realizem na tua fronte os sonhos de seu histerismo... Que te falta?

MACÁRIO
    Vai-te, maldito!

SATÃ *(Afastando-se.)*
    Abrir a alma ao desespero é dá-la a Satã. Tu és meu. Marquei-te na fronte com meu dedo. Não te perco de vista. Assim te guardarei melhor. Ouvirás mais facilmente minha voz partindo de tua carne que entrando pelos teus ouvidos.

Uma rua
MACÁRIO e SATÃ *de braços dados.*

SATÃ
    Estás ébrio? Cambaleias.

MACÁRIO
    Aonde me levas?

SATÃ
    A uma orgia. Vais ler uma página da vida cheia de sangue e de vinho – que importa?

MACÁRIO
    É aqui, não? Ouço vociferar a saturnal lá dentro.

Macário

SATÃ
Paremos aqui. Espia nessa janela.

MACÁRIO
Eu vejo-os. É uma sala fumacenta. À roda da mesa estão sentados cinco homens ébrios. Os mais revolvem-se no chão. Dormem ali mulheres desgrenhadas, umas lívidas, outras vermelhas... Que noite!

SATÃ
Que vida! Não é assim? Pois bem! Escuta, Macário. Há homens para quem essa vida é mais suave que a outra. O vinho é como o ópio, é o Letes do esquecimento... A embriaguez é como a morte...

MACÁRIO
Cala-te. Ouçamos.

* * *

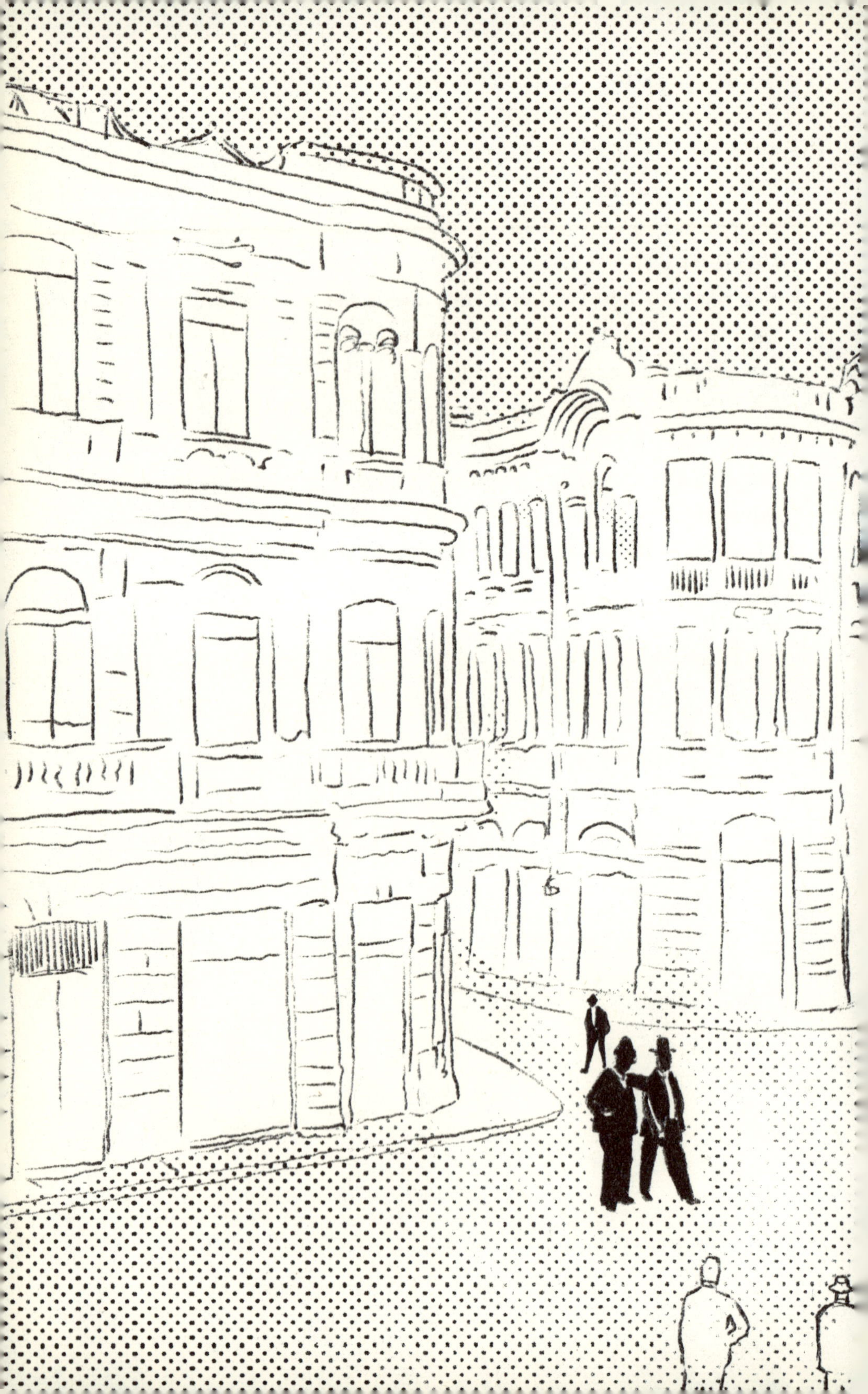

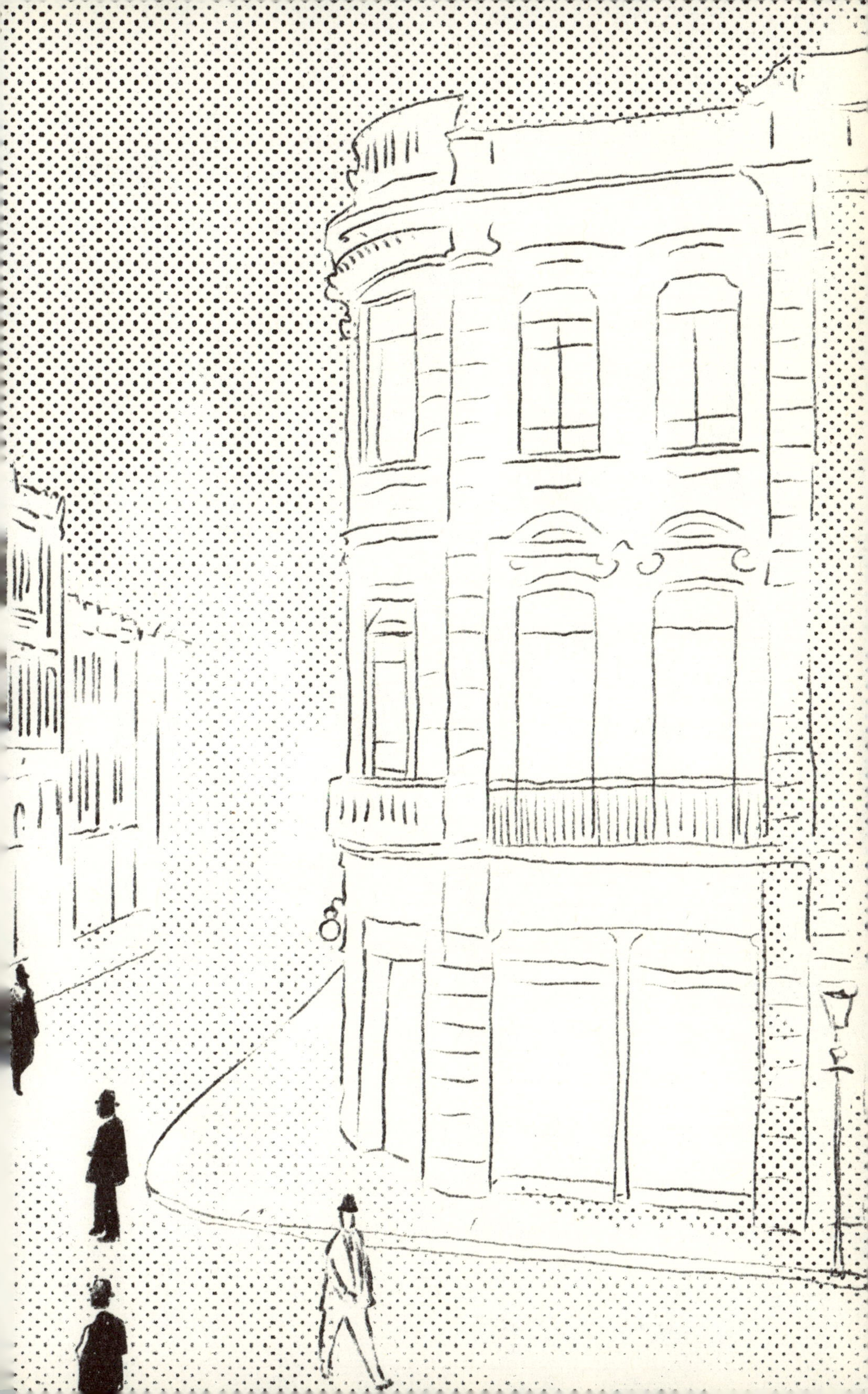